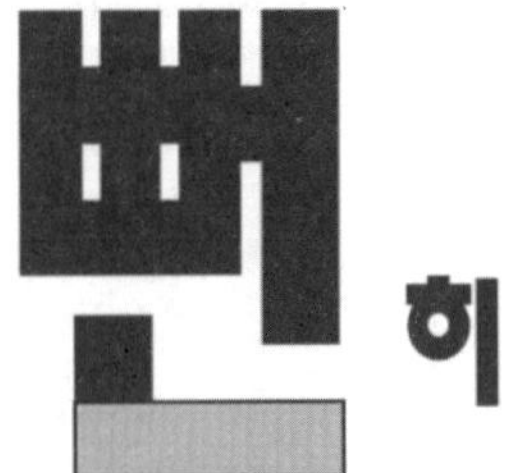

히

다 보이는

김준

TOOBLO

뻔히 다보이는 수능영어기출

2021학년도

Gusto

환희와 열정

편 낸 날 2022년 4월 18일
지 은 이 김준
펴 낸 이 김준
펴 낸 곳 투블로(TOOBLO)
편 집 신서빈 오지윤 김지호
주 소 서울시 강남구 강남대로 584 6층 350호
대표전화 02-533-6867
온 라 인 https://blog.naver.com/joon2257
Email joon3689@gmail.com
등록번호 제2022-000023호
ISBN 979-11-975422-1-3 (53740)

• TOOBLO는 '갑자기 넘어지다' 또는 '불안하게 움직이다'를 뜻하는 TUMBLE에서 U와 M과 E을 빼고 그 자리를 O로 바꿔 만든 브랜드로, 시행착오를 거치더라도 둥근 바퀴처럼 앞으로 끝까지 나아가는 가치의 중요성을 담았습니다. TOOBLO는 차별화된 교육 아이템 및 교재 개발을 통해 학습의 새로운 장을 열기 위한 과감한 도전을 하고 있습니다.

Introduction

수능영어를 풀면서 쩔쩔매는 원어민들의 영상을 많이 접하셨을 겁니다. 영어권에서 실제로 쓰는 어휘 구성과 거리가 먼 패턴들이 많고, 문제를 만들려다 보니 난해한 문장들로 어색하게 이은 부분이 적지 않기 때문입니다.

그러면, 수능영어에서 고득점의 비법은 무엇일까요? 간단합니다. 수능영어만의 특성과 수준에 빨리 적응하는 것입니다. 만약 5개년 이상의 수능 기출 문제의 어휘, 문장 패턴, 단골 주제, 정답 찾기 비법 등을 반복적으로 익혀 완전히 자기 것으로 만들고, 그렇게 축적한 지식과 노하우를 EBS와 모의고사 문제들에 적극적으로 적용해 맞춰 가면, 고득점을 향한 확신과 욕심이 분명히 생길 겁니다. 이 책은 그 과정을 돕기 위해 만들어졌습니다.

무엇보다도 이 책엔 우리말 해석이 따로 없습니다. 그 대신, 지문과 대본과 선택지의 모든 어휘·표현·문법들에 번호를 매겨 해당 번호의 핵심을 철저히 분석했습니다. 그리고, 핵심을 반복해서 익히면 자연스레 문제의 모든 요소가 속시원하게 이해되도록 했습니다. 정답 공략을 위한 상세한 비법은 온라인으로도 학습할 수 있습니다.

이 책을 통해 수험생들이 수능 기출 문제의 모든 것을 깊이 있게 파악하는 역량을 길러, 등급을 올릴 수 있다는 확신으로 모의고사와 함께 실제 수능에 당차게 도전할 수 있다면 더 이상 바랄 것이 없겠습니다. / 저자

Composition & Features

영어영역(홀수형) 핵심 어휘·표현·문법

45개 문항의 핵심 요소에 번호를 매긴 '번호식별 문제지'의 번호 순서에 따라, 상세한 어휘 분석 및 문법 설명 등으로 구성('수능 어휘 플러스 308' 연계 번호도 좌측에 함께 표시)

영어영역(홀수형) 핵심 번호식별 문제지

수학능력시험 영어영역의 듣기 대본, 독해 지문, 선택지들의 모든 주요 단어와 표현과 문법에 번호를 매긴 문제지
→ 온라인에서 번호식별 문제지의 번호들을 중심으로 상세히 설명된 독해 정답 공략법과 함께 더 심도 있는 학습 가능

영어영역(홀수형) 문제지

영어영역(홀수형) 정답표

수능 어휘 플러스 308

'핵심 어휘·표현·문법'에서 추가 예문의 모든 주요 어휘를 설명

수능 어휘 퀴즈 216

페이지를 앞뒤로 넘기는 퀴즈 방식으로 입체적인 어휘 연습

How to use this book

추천 학습법 1 → 모의고사 3등급 이하

> 핵심 요소들을 모두 파악한 뒤 문제풀이에 반복 도전

1. '핵심 어휘·표현·문법'을 반복 학습해 충분히 숙지
2. '핵심 번호식별 문제지'로 문제를 풀면서 모르는 부분들은 '핵심 어휘·표현·문법'을 활용해 반복 체크
3. '문제지'로 문제를 다시 풀면서, 부족한 부분은 계속 보완

추천 학습법 2 → 모의고사 2~3등급

> 번호식별 문제지를 먼저 풀면서 부족한 부분을 보완

1. '핵심 번호식별 문제지'로 문제를 풀면서 모르는 부분들은 '핵심 어휘·표현·문법'을 활용해 반복 체크
2. '핵심 어휘·표현·문법'을 반복 학습해 충분히 숙지
3. '문제지'로 문제를 다시 풀면서, 부족한 부분은 계속 보완

추천 학습법 3 → 모의고사 1~2등급

> 수능 문제지를 먼저 풀고 어려운 부분을 집중 체크

1. '문제지'로 문제를 풀면서 어려운 부분을 따로 체크
2. '핵심 번호식별 문제지'와 '핵심 어휘·표현·문법'을 활용, 문제지에 체크해 둔 어려운 부분을 집중 체크
3. '핵심 어휘·표현·문법' 전체를 반복해 완전히 소화

Contents

2021학년도 대학수학능력시험

영어영역(홀수형) 핵심 어휘·표현·문법

No.		Contents	
1	1	click on this the video	비디오를 클릭하다
	2	personal fitness trainer	개인 피트니스 트레이너
	3	a variety of exercises	다양한(= various, diverse) 운동
	4	experience difficulty (in) ~ing	~하는 데 어려움을 겪다 = experience trouble (in) ~ing
	5	exercise / exercise regularly	운동(하다), 활용하다(= utilize) / 규칙적으로 운동하다
	6	provide easy guidelines	쉬운 가이드라인(지침)을 제공하다(= furnish)
	7	useful resources / source	유용한 자료 / 생겨나는 원천(= fountain), 출처(정보원)
		▷ resource → 자원, 자금, 능력, 유용한 자료(장소, 시설) / resourceful → 문제를 잘 해결(극복)해 내는	
	8	exercise routines	규칙적인 운동 패턴
	9	load / unload / upload / download	짐, 짐을 싣다 / 짐을 내리다 / 업로드하다 / 다운로드하다
2	1	an event called Stargazing Night	별 보는 밤이라고 불리는 행사
		▷ gaze → 유심히 바라보다, 유심히 바라보는 시선 / stargazing → 별 바라보기, 별 관찰하기	
	2	go outdoors to look up at stars	별을 올려다보기 위해 야외로 나가다
	3	he must have had a great time	그가 정말 멋진 시간을 가졌던 것이 틀림없다
	4	become familiar with A	A에 익숙해지다(친숙해지다)
	5	concept / mathematical concepts	개념 / 수학적 개념
	6 001 ∨ 005	▶ '일반동사를 받아주는 do, does, did / be동사를 받아주는 be, is, are, was, were' 패턴의 예 1 W: I think looking at up stars helped my son become familiar with mathematical concepts. M: Interesting! How does it **do** that? W: 별을 올려다보는 것이 내 아들로 하여금 수학적 개념에 익숙해지도록 도움을 줬다고 나는 생각해. M: 흥미롭네! 그것이(별을 올려다보는 것이) 어떻게 그렇게 **해 준다는(도움을 준다는)** 것이지? She was excited by the prospect of setting off on a prolonged journey, but her siblings **weren't**. 그녀는 장기간의 여행을 떠날 수 있다는 가능성에 흥분해 있었지만, 그녀의 형제자매들은 **그렇지 않았다**.	
	7	by counting the stars together	다 함께 별들을(별들의 숫자를) 셈으로써
	8	practice counting to high numbers	큰 숫자까지 세는 것을 연습하다
	9	that makes sense	그것이 말이 된다, 그것이 맞는 말이다
	10	identify shapes	모양을 식별(확인)하다
	11	trace patterns that stars form	별들이 형성하는 패턴들을 따라가 보다(추적하다)
		▷ trace → 낌새(= hint), 흔적(자취 = trail), 기원·출처 등을 추적하다, 따라가 보다, 윤곽선을 따라 그리다	
	12	Sounds like ~	~인(~한) 것 같다 = It sounds like ~, (It) Seems like ~

2	13	**magical and mathematical night**	마법과 같으면서도 수학과 관련된 밤
	14 006	▶ to+v 앞에 'for + 명사(대명사)'를 넣어 to+v의 주어(~가, ~이)를 나타내는 예 Looking at stars is a good way **for kids** [~~get~~ / **to get**] **used to** mathematical concepts. 별을 바라보는 것은 **아이들이** 수학적 개념에 **익숙해질 수 있는** 좋은 방법이다. This is one of the reasons **for students not to want** to discuss the pros and cons of these topics. 이것은 **학생들이** 이런 주제들의 장단점에 대해 토론**하고 싶어하지 않는** 이유들 중 하나다.	
	15	**get used to A**	A에 익숙해지다 = get accustomed to A
	16	**take my daughter to the event**	내 딸을 그 행사에 데려가다
3	1	**accept my interview request**	나의 인터뷰 요청을 수락하다
	2	**My pleasure. / pleasure / treasure**	(감사에 대해) 천만에요. / 기쁨 / 보물, 높이 평가하다
	3	**be honored to+v**	~해서 영광이다
		▷ honor → 영광, 명예, 존경하다 / honorable → 영광스러운 / dishonorable → 불명예스러운	
	4	**the person who designed ~**	~을 디자인했던 사람
	5	**the school I'm attending**	내가 다니고 있는 학교
		▷ attend → (학교에) 다니다, 출석(참석)하다 / attendance → 참석, 출석 / attendant → 종업원, 하인	
	6	**What was the concept behind it?**	그것(그 디자인) 뒤에 깃든 개념(생각)은 무엇이었죠?
		▷ behind the scenes → 무대 뒤에, 은밀하게 / come from behind → 역전승을 거두다	
	7 007 v 010	▶ '접속사 + 현재분사(능동 및 진행) ~' 및 '접속사 + 과거분사(수동 및 완료) ~' 패턴의 예 1 **When** I was **planning** the design, I wanted to incorporate elements of nature into it. → **When planning** the design, I wanted to incorporate elements of nature into it. 디자인을 **계획하고 있었을 때**, 나는 자연의 요소들을 디자인의 일부로 포함시키고 싶었다. / 능동 → 주절의 주어와 같을 때 '접속사 + 주어 + 동사'는 '접속사 + 분사'로 축약될 수 있다. **If** it is **planned** properly in advance, this scientific expedition to Antarctica will be successful. → **If planned** properly in advance, this scientific expedition to Antarctica will be successful. 미리 올바르게 **계획이 세워진다면**, 남극대륙으로 떠나는 이번 과학 탐험은 성공적일 것이다. / 수동	
	8	**incorporate elements of nature into it**	자연의 요소들을 그것의 일부로 포함시키다
		▷ incorporate A into B → A를 B의 일부로 포함시키다(결합시키다) / incorporation → 포함, 결합 corporate → 기업의, 회사의 / corporation → 기업, 회사 / corporal punishment → 체벌	
	9	**apply this concept in ~**	이 개념(생각)을 ~에 적용하다
		▷ apply → 적용하다, 응용하다, 지원(신청)하다, 연고 등을 바르다 / application → 적용, 응용(활용), 지원	
	10	**my design includes mini gardens**	내 디자인은 자그마한 정원들을 포함한다
	11	**roof-top garden / roof / proof**	옥상 정원 / 옥상 / 증거(= evidence)
	12	**make A look like B / make-believe**	A를 B처럼 보이게 하다 / 가장(허구), 가장(허구)의
	13	**rising forest / rainforest**	높게 우뚝 선 숲 / 열대우림

신중히 생각하다 **con____**

A를 준수하다 **co____ with A**

자막, 부제목 **su____**

3	14	impress / That's impressive.	깊은 인상을 주다 / 그것은 정말 대단하다(인상적이다).
	15	take A on a field trip	A를 현장체험 학습에 데려가다
	16	make sure + to+v	꼭 ~하도록 하다 = make sure + 주어 + 동사
	17	observation deck	전망대
		▷ observe → 관찰하다, 알아채다, 언급하다, 준수하다 / observation → 관찰, 언급 / observance → 준수	
	18	the view is spectacular / spectacle	경치가 장관이다(= picturesque, breathtaking) / 장관
	19	check out A	A를 살펴보다, A(책)를 빌리다, A(가게 물건) 값을 내다
		▷ check → 점검, 억제, 수표,계산서(= bill) / paycheck → 봉급 / unchecked → 억제되지 않는	
4	1	turn A into B / turn a deaf ear to ~	A를 B로 바꾸다 / ~를 전혀 들으려고 하지 않다
	2	student council / council / counsel	학생회 / 심사(자문) 위원회 / 상담·조언(을 해 주다)
	3	be ready to sell hot chocolate	핫초코를 팔 준비가 돼 있다
	4	raise money / fund-raising	모금하다 / 모금 행사
	5	children in need	가난에 처한 아이들
		▷ in need → 가난에 처한 / in need of A → A를 필요로 하는 / needy → 궁핍한, 관심을 필요로 하는	
	6	bulletin board / bullet / bulletproof	게시판 / 총알 / 방탄의
	7	post	사람들이 보도록 광고 등을 붙이다, 정보 등을 올리다
	8	let people know where the profits will go	수익이 어디로 갈 것인지를 사람들이 알게 해 주다
		▷ profit → 수익(이익), 이점(= advantage, benefit) / profitable → 이익을 내는, 유익한(= beneficial)	
	9	banner / wnner / winner-take-all	현수막, 배너 / 승자 / 승자독식의
	10	awe / awesome / awful	경외감(을 갖게 하다) / 대단한(= marvelous) / 끔찍한
	11	stripe-patterned tablecloth	줄무늬 패턴으로 된 테이블보
	12	Thanks for letting us use it.	우리로 하여금 그것을 사용하게 한 것에 대해 고마워.
	13	notice the snowman drawing	눈사람 그림을 알아채다
		▷ notice → 알아채다(= spot), 통지 / noticeable → 눈에 띄는(= pronounced) / unnoticeable → 눈에 안 띄는	
	14	hang on the tree / hang on to A	나무 위에 걸려 있다 / 꽉 쥐다, 계속 간직하다
	15	the child you helped last year	네가 작년에 도왔던 아이
	16	What are they for?	그것들은 무엇을 위한 용도이지?
	17	fill up A / fill out A	A를 가득 채우다 / A(문서 등)를 작성하다(= fill in A)
	18	donate / donation / donor	기부하다 / 기부, 기부금 / 기부자, 기증자

contemplate [kάntəmplèit]

comply with A

subtitle [sʌ́btàitl]

5	1	the report about wildflowers	야생화에 대한 보고서
	2	work on A	A를 만들고 해결하고 개선하는 등의 작업·시도를 하다
	3	biology class	생물학 수업
	4	except for A	A를 제외하고 = except A, other than A, apart from A
	5	submit your report	너의 리포트를 제출하다(= hand in, turn in)
	6	find out that ~	~라는 것을 알아내다
	7	bloom / gloom / groom	꽃이 피다(= blossom) / 어둠, 침울 / 신랑, 깔끔히 다듬다
6	1	make a reservation	예약하다 = reserve, book
	2	reserve / reserved	예약하다, 비축하다 / 예약된, 속내를 잘 내비치지 않는
	3	at the regular rate / rate / rating	일반 요금으로 / 비율, 속도, 요금, 판정하다 / 등급
	4	available / unavailable	이용할(만날, 살) 수 있는 / 이용할(만날, 살) 수 없는
		▷ availability → 이용 가능성 / to(of) no avail → 아무 도움이 못 되는(소용이 없는 = futile, fruitless)	
	5	a discount for the second night	2박째에 대한 할인
	6	apply to A	A에 적용되다, A(대학 및 회사 등)에 지원하다
	7	stay an extra night / extra / era	추가로 하룻밤을 더 머물다 / 추가의, 여분 / 특정 시대
7	1	the tent we bought online	우리가 온라인에서 샀던 텐트
	2	return / upturn / downturn	반품(반납)하다 / (경기 등의) 상승, 호전 / 하강, 침체
	3	a little small to fit all of us	우리 모두를 알맞게 수용하기에는 약간 작은
	4	set up a tent / set(carved) in stone	텐트를 세우다 / 바뀌지 않고 영원히 고정된
	5	it seems big enough to hold us all	그것은 우리 모두를 수용할 정도로 충분히 큰 것 같다
	6	issue / price is not the issue	중요 사안, 발행(공표)하다 / 가격이 중요 사안은 아니다
	7	it's too heavy to carry around	그것은 들고 다니기에 너무 무겁다
	8	walk a bit to get to the campsite	캠핑장에 도착하기(= arrive at) 위해 약간 걷다
	9	pick up A / pick on A	A를 가지러 가다(오다), A를 태우다 / A를 조롱하다
	10	schedule a pickup	(반품을) 픽업하러 오는 것을 스케줄로 잡다
8	1	exhibit	전시하다, 나타내다(= reveal, show), 전시품, 전시회
	2	numerous failed products	수많은(= many) 실패한 제품들
	3	the world's best-known company	세계에서 가장 잘 알려진 회사
	4	that makes me curious about ~	그것은 나로 하여금 ~에 대해 호기심을 갖게 한다

한정하다, 감금하다 conf____

폭발하다, 올리다 g____ off

미묘한, 분명하지 않은 su____

8	5	**purpose of founding the museum**	박물관을 설립한 목적(이유 = reason, motive)
		▷ found[found – founded – founded] → 설립하다 / founder → 설립자 / foundation → 토대, 기반	
	6	**it was founded to deliver the message**	그 메시지를 전달하기 위해 그것이 설립됐다
	7 011 ~ 014	▶ '명사 + that절' 형태로 '~다는[~라는] …' 등을 의미하는 동격 패턴의 예 It was founded to deliver the message **that** we need to admit our failures to truly succeed. 그것은 진정 성공하기 위해 우리는 실패를 인정할 필요가 있**다는** 메시지를 전달하기 위해 설립됐다. The idea [~~which~~ / **that**] humans have an inferior sense of smell is nothing but a groundless myth. 인간은 (다른 동물보다) 열등한 후각을 갖고 있**다는** 생각은 이미 오래된 근거가 없는 믿음일 뿐이다. → 접속사 that 뒤는 완벽한 문장이 와야 하므로, 불완전한 문장이 따라오는 관계사 which는 틀린 표현.	
	8	**admit failures / admittedly**	실패를 인정하다(= acknowledge) / 분명히 인정하는데
	9	**that's quite a message**	그것은 정말 대단한 메시지다
	10	**it makes a lot of sense**	그것이 정말 말이 된다, 그것이 정말 맞는 말이다
		▷ in a sense → 어떤 관점(측면)에서 보면 / in some senses → 여러 관점들(측면들)에서 보면	
	11	**How come I've never heard of it?**	어째서 내가 그것에 대해 들어본 적이 전혀 없었지?
		▷ how come + 주어 + 동사? → 어째서 …가 ~하지(이지)?	
	12	**eye-opening experience**	많은 것을 깨닫게 해 주는 놀라운(= astonishing) 경험
	13	**locate / be located in A**	위치시키다 / A에 위치해 있다(= be situated in A)
	14	**I'll be sure to visit it**	꼭 그곳을 방문하도록 할 것이다
9	1	**National Baking Association**	전국 제빵 협회
	2	**I'm glad to announce that ~**	~를 알리게 돼서 나는 아주 기쁘다
		▷ announce → 알리다 / pronounce → 발음하다, 선언하다 / pronounced → 분명한(= noticeable)	
	3	**host / host a competition**	주최하다, 손님 접대 주인, 주최자 / 대회를 주최하다
	4	**annual event**	매년 열리는(= yearly) 행사
	5 015 ~ 017	▶ '명사 + 과거분사 ~'로 '~된(되는) …'을 뜻하며 수동 관계로 명사를 수식하는 패턴의 예 1 Time **spent** exploring geometry helped him excel in other relevant areas. = Time **(which was) spent** exploring geometry helped him excel in other relevant areas. 기하학을 탐구하는 데 **쓰인** 시간은 그가 다른 관련된 분야에서도 뛰어날 수 있게 도왔다. → 이와 같은 패턴은 '관계대명사 + be동사'가 생략된 것으로 접근해도 좋다. It's an annual event **(which is) aimed** to discover people with a talent and passion for baking. 이것은 제빵을 향한 재능과 열정을 갖고 있는 사람들을 찾는 것이 **목표로 설정된** 매년 열리는 행사다.	
	6	**be aimed to+v**	~하는 것이 목표로 설정되다
	7	**talent and passion / passionate**	재능과 열정 / 열정적인(= enthusiastic, intense)
	8	**the theme of the competition**	대회의 테마(주제)

9	9	applicant / appliance	구직·입학 등의 지원자(= candidate) / 세탁기 등 가전제품
	10	participate / participant	참가하다(= take part) / 참가자
	11	advance to the final round	최종 결승 라운드로 진출하다
	12	grand / win the grand prize	웅장한(장엄한 = magnificent, majestic) / 대상을 타다
	13	recipe / receipt / recipient	조리법, 특정 결과의 비법 / 영수증 / 받는 사람, 수혜자
	14	appear in our magazine	우리 잡지에 나오다(= show up)
	15	watch the entire competition	전체 대회(대회의 전체)를 보다
		▷ entire → 전체의(= whole), 완전한 / entirely → 완전히(= completely, outright) / entirety → 전체	
	16	be broadcast live / cast	생방송으로 방송되다 / 던지다, 배역(을 주다), 석고 깁스
	17	miss watching this event	이 행사를 보는 것을 놓치다
10	1	reusable straw set	재사용할 수 있는 빨대 세트
	2	bamboo / taboo	대나무 / 금지된 것, 금지된, 금지시키다
	3	be made from natural material	천연 재료로 만들어지다
	4	straws made from other materials	다른 재료들로 만들어진 빨대들
	5	be willing to+v	거절하지 않고 기꺼이 ~하려 하다 = be ready to+v
		▷ be unwilling to+v → ~하기를 주저하다(~하고 싶어하지 않다 = be reluctant(hesitant) to+v)	
	6	reasonable	아주 비싸지 않은(합리적 가격의), 이성적인(합리적인)
	7	long / lengthen / length / lengthy	긴 / 늘어나다, 늘이다 / 길이 / 긴(= long)
		▷ deep → 깊은 / deepen → 깊어지다 / depth → 깊이 / wide → 넓은 / widen → 넓히다 / width → 폭	
	8	be down to A	선택 등의 상황에서 결국 A로 좁혀지다(A가 남다)
	9	a carrying case would be useful	(텀블러를) 갖고 다닐 수 있는 케이스가 유용할 것이다
	10	recommend / recommendation	추천하다 / 추천
11	1	feel like ~ing / free free + to+v	~하고 싶어 하다 / 마음껏 ~하다
	2	get to the airport quickly	빨리 공항에 도착하다(= arrive at)
	3	go sightseeing	구경(관광)하러 가다
	4	wear more comfortable shoes	더 편안한 신발을 신다
	5	thirst / thirsty	갈증, 갈망(= craving, longing, yearning) / 목이 마르는
12	1	park somewhere else	다른 곳에 주차하다
	2	Never mind. / read one's mind	신경 쓰지 마. / ~의 마음을 읽다(= read one's thoughts)

압축하다, 요약하다 com____

평평해지다 le____ off

그늘(을 드리우다), 색조 sh____

12	3	pay the parking fee	주차 요금을 지불하다
	4	manage / management office	운영(관리)하다 / 관리 사무소
		▷ manage + to+v → 어떻게든 ~해 내다 / manageable → 쉽게 다룰 수 있는 / managerial → 경영(진)의	
	5	be about to+v	막(곧) ~하려고 하다
	6	close off A / pull off A	A를 폐쇄하다 / A를 성공적으로 해내다, A를 벗겨 내다
	7	this section of the parking lot / lot	주차장의 이 구역 / 특정 용도의 땅(부지), 운명(= destiny)
13	1	wait until tomorrow for this one	내일까지 이것을 기다리다
	2	the best option for me	나를 위한 최선의 선택
	3	it's too bad (that) ~	~라는 것이 참 안타깝다 = it's too unfortunate (that) ~
	4	display / displayed model	전시하다, 전시, 화면 / 전시되고 있는(전시된) 모델
	5	feature / useful feature	특징, 특집 기사, ~을 특징으로 하다 / 유용한 특징
	6	we're out of this model	우리 매장은 이 모델이 품절된 상태다
	7	break down / breakdown	고장이 나다 / 고장(= malfunction), 붕괴, 신경쇠약
	8	buy the one on display	전시된 것을 사다
	9	install / installation / installment	설치하다, 임명하다, 머물게 하다 / 설치 / 할부
	10	that's just what I need	그것은 딱 내가 원하는 것이다
	11	it's never been used	그것은 (전에) 사용돼 본 적이 없다
	12 018 v 022	▶ 'have(get) + A + **과거분사**'로 'A가 ~되도록(~되게) 하다'를 나타내는 패턴의 예 I **had(got)** my passport **renewed** just in case, whereas he seldom lifted a finger to help me. 만약을 대비해 난 여권이 **갱신되게** 했는데, 반면에 그는 나를 도우려 손 끝 하나 까딱하는 것도 거의 안 했다. You can **have(get)** it [~~repair~~ / **repaired**] for free. 당신은 공짜로 그것이 **수리되도록** 할 수 있다. → 목적어가 수동이므로 목적격 보어는 과거분사	
	13	for free / freewheeling	공짜로(= free of charge, at no cost) / 제약 없이 자유로운
	14	for up to three years	최장 3년 동안
	15	it's a pretty good deal	그것은 아주 싸게 구매하는 것이다 = it's a (real) bargain
14	1	briefcase	서류 가방
	2	you deserve to receive the award	너는 그 상을 받을 만한 가치가 있다
		▷ deserve A → A를 받을 만하다, A를 받아도 싸다 / deserve to+v → ~할 만하다, ~해도 싸다 ▷ receive → 받다 / reception → 받아들임, 환영회 / receptionist → 접수 담당 / receptive → 잘 받아들이는	
	3	Don't mention it	('thank you' 등 감사를 전하는 말에 대해) 천만에요
	4	do my duty as a citizen	시민으로서 의무(= responsibility, obligation, task)를 다하다

compress [kamprés]

level off = level(even) out

shade [ʃeid]

14	5	definite / definitely / definition	분명한 / 분명히, 물론이죠(당연하죠) / 정의(정확한 뜻)
	6	congratulate / congratulation	축하하다 / 축하
	7	the best ceremony I've ever been to	내가 이제껏 가 봤던 최고의 기념식
	8	the boy who found your briefcase	당신의 서류가방을 찾아 준 소년
	9	reward / rewarding	보상, 보상하다 / 보람을 주는, 이익을 주는(= profitable)
	10	accept / acceptance / unacceptable	받아들이다, 수락하다 / 수락 / 받아들일 수 없는
		▷ acceptable → 받아들여질 수 있는, 만족스러운 / unacceptable → 받아들여질 수 없는, 불만족스러운	
	11 023 v 024	▶ 전달하는 의미는 같지만 다양한 패턴을 가져올 수 있는 remember의 활용 예 ① I remember he **quoted** the passage before. 나는 그가 전에 그 문장을 **인용했다**고 기억해. (remember + (that) + 주어 + **동사**) ② I remember him **quoting** the passage before. ③ I remember his **quoting** the passage before. 나는 그가 전에 그 문장을 **인용했던 것을** 기억해. (remember + 동명사의 주어 + **동명사**) → ②와 ③은 quoted가 동명사인 quoting으로 변했다. quoting 앞에 him과 his가 왔는데, 동명사의 주어는 명사와 대명사가 올 수 있지만, '대명사가 올 땐, 목적격(him)과 소유격(his)만 가능'하기 때문이다. 즉, he와 같은 주격은 올 수 없다. ②번의 him처럼 목적격일 땐 quoting을 현재분사로 볼 수도 있다. 즉, quoting이 him을 수식해 '나는 전에 그 문장을 **인용했던** 그를 기억한다'처럼 him을 강조하는 접근도 가능하다.	
	12	somehow	어떻게든 = in some way, by some means
	13	express thanks	감사를 표현하다 = express gratitude
	14	in person / person-to-person	직접 만나 / 두 명이 직접 얼굴을 맞대고(= one-to-one)
	15	Are you available next Friday?	다음 금요일에 시간이 있나요(만나 뵐 수 있을까요)?
	16	receive Junior Citizen Award for ~	~에 대해 청소년 시민상을 받다
	17	police station / police officer	경찰서 / 경찰관
	18	invite you as his guest	당신을 그의 손님으로서 초청하다
	19	I was wondering if you can make it	나는 당신이 올 수 있는지 아닌지 궁금해하고 있었다
		▷ make it → 약속 시간·장소에 오다, 해내다 / make do (with A/without A) → (A로/A 없이) 어떻게든 해내다	
15	1	feel free to+v / set A free	마음껏 ~하다 / A를 풀어주다(석방하다 = liberate A)
	2	backyard / background / setback	뒤뜰 / 배경(= backdrop, setting) / 후퇴(= reversal), 역경
	3	ripe tomatoes I picked yesterday	어제 내가 땄던 익은 토마토
		▷ ripen → 익다 / ripe → 익은(↔ unripe 익지 않은) / reap → 수확하다(= harvest) / leap → 도약하다	
	4	take care of tomatoes / caregiver	토마토를 관리하다(다루다, 돌보다) / 돌보는 사람
	5	neighbor / neighborhood	이웃 / 동네

버섯, 갑자기 증가하다 mu____

A를 피하다 s____ (away) from A

아주 작은, 상세(자세)한 mi____

15	6 025	▶ 현재완료의 계속의 의미를 나타내는 'have[has] + 과거분사' 및 'have[has] + been + ~ing' Ben **has grown** tomatoes in his backyard for several years. Ben은 몇 년 동안 뒤뜰에서 토마토를 (계속) **재배해 왔다**. → 현재완료의 기본형 Ben **has been growing** edible mushrooms in his backyard for several years. Ben은 몇 년 동안 뒤뜰에서 식용 버섯을 (계속) **재배해 오고 있는 중이다**. → 현재완료의 진행형	
15	7	**share tomatoes with ~**	토마토를 ~와 나누다(나눠 먹다)
15	8 026 v 029	▶ 'to be + 과거분사'로 to+v의 수동을 나타내는 예 Ben notices that his tomatoes will be ready **to be picked** in about a week. Ben은 자신의 토마토가 대략 일주일 안에 **수확될** 준비가 될 것이라고 알게 된다. Those who have high self-esteem tend **to be seen** as arrogant by cynical or skeptical people. 높은 자존감을 지닌 사람들은 냉소적이거나 회의적인 사람들에 의해 거만하다고 **여겨지는** 경향이 있다.	
15	9	**a month-long business trip**	한 달 간의 출장
15	10	**there'll be no fresh tomatoes left**	남겨진 신선한 토마토가 전혀 없을 것이다
15	11	**by the time he comes back**	그가 돌아올 때쯤
15	12	**he'd like her to have his tomatoes**	그는 그녀가 그의 토마토를 갖기를 원한다
15	13	**whenever she wants**	그녀가 원하는 언제든 = at any time (that) she wants
16 | 17	1	**color change in nature throughout seasons**	계절 전체에 걸쳐 자연에서의 색깔 변화
16 | 17	2	**various colors used in traditional English customs**	전통적인 영국의 관습에서 사용되는 다양한 색깔들
16 | 17	3	**differences in color perceptions according to culture / culture**	문화에 따른 색깔 인식에서의 차이점 / 문화, (생물) 세포 배양
16 | 17		▷ perceive → 인식하다(= recognize, be aware of) / perception → 인식(= recognition)	
16 | 17	4	**why expressions related to colors are common in English**	색깔과 연관된 표현들이 영어에서 흔한 이유
16 | 17	5	**how color-related English expressions gained their meanings**	색깔과 연관된 영어 표현들이 그들의 의미들을 얻어낸 방식
16 | 17	6	**expression containing color terms**	색깔 용어들을 포함하는 표현
16 | 17	7	**learn how they got their meanings**	그것들이 어떻게 그들의 의미를 얻게 됐는지를 배우다
16 | 17	8	**out of the blue / out of nowhere**	경고도 없이 돌연(= without warning) / 어디선가 불쑥
16 | 17	9	**something happens unexpectedly**	무엇인가 예상치 못하게(뜻밖에) 발생하다
16 | 17	10	**it came from the phrase**	그것은 그 짧은 표현에서 유래했다
16 | 17	10	▷ phrase → 문구(완전한 문장의 일부분), 짧은 표현 / paraphrase → 다른 표현(단어)들을 써서 인용하다	

mushroom [mʌ́ʃruːm]

shy (away) from A

minute [mainúːt]

16-17	11	a lightning bolt out of the blue	예상치 못하게 갑자기 발생한 번갯불
	12	▶ '~, which …'로 '~하는데, 그것은 …이다'를 뜻하며 앞 문장의 특정 요소를 받아주는 패턴 1 It came from **the phrase "a lightning bolt out of the blue,"** **which** expresses the idea that it's unlikely to see lightning when there's a clear blue sky. 그것은 **"예상치 못하게 갑자기 발생한 번갯불"이라는 짧은 표현**에서 유래했는데, **그것은** 청명한 푸른 하늘일 때 번개를 볼 것 같지 않다(볼 가능성이 없다)는 개념을 표현한다.	
	13	it's unlikely to+v	~ 것 같지 않다 ↔ it's likely(liable) to+v(~ 것 같다)
	14	white lie	남을 배려하는 선의의 거짓말
	15	harmless lie	해롭지 않은 거짓말 ↔ harmful lie(해로운 거짓말)
	16	protect A from B / protection	B로부터 A를 보호하다 / 보호
	17	harsh / harsh truth	(상처나 충격 등을 줄 수 있는) 가혹한 / 가혹한 진실
	18	traditionally symbolize innocence	전통적으로 순수함을 상징하다
		▷ innocence → 순수함, 결백, 무죄(↔ guilt 죄) / innocent → 순수한, 무죄의(↔ guilty 죄가 있는)	
	19	green thumb / tomb / womb	식물을 잘 기르는 능력 / 무덤 / 자궁
	20	refer to A	A를 나타내다(= indicate A), A를 언급하다, A를 참고하다
		▷ reference → 언급(= mention), 글 작성 등에 인용(참고)한 참고 문헌, 참고 자료, 참고(참조), 추천서 with(in) reference to A → A와 관련해 / reference point → 판단 기준(= point of reference, criterion)	
	21	cultivate plants / cultivation	식물을 재배하다 / 재배, 육성
	22	planting pot / spot	(식물을 기르는) 화분 / 찾아내다, 반점, 장소
	23	be covered with tiny green plants	작은 초록 식물들로 덮이다
	24	those who work in gardens	정원에서 일하는 사람들
	25	green-stained hands / greenhouse	초록색 얼룩이 묻은 손 / 온실
		▷ stain → 얼룩을 남기다 / strain → 긴장(시키다), 잡아당기다 / sprain → 삐다, 접질림 / grain → 곡물 drain → 물을 빼다, 소모하다 / rein → 고삐, 통제, 통제하다(= control, limit) / reign → 통치·지배(하다)	
	26	see red	갑자기 크게 화를 내다 = lose one's temper, blow up
	27	origin / originate	기원, 시작 / 생겨나다(= arise), 생겨나게 하다(= initiate)
	28	come from the belief that ~	~라는 믿음으로부터 생겨나다(= stem from)
	29	bull / bullfighter / bulls' eye	황소 / 투우사 / 원형 과녁, 원형 과녁의 중심 적중
	30	get angry and attack	화를 내고 공격하다
	31	red cape / ape / cave	빨간 망토 / 유인원 / 동굴
18	1	season's greetings / greet	크리스마스 및 새해 편지 등의 인사말 / 인사하다
	2	as some of you already know	너희들 중 몇몇은 이미 알고 있는 것처럼(알고 있듯이)

위장(변장)하다, 위장 cam___

약해지다, 누그러지다 l___ up

이것을 솔직히 밝히는 ou___

camouflage [kǽməflɑ̀ːʒ]

let up = subside

outspoken [àutspóukən] = vocal

18	3	**campus food drive**	캠퍼스(교내) 음식기부 행사
	4	**this is how you participate**	이것은(다음 내용은) 네가 참가할 수 있는 방법이다
		▷ this is why + 주어 + 동사 ~ → 이것은 …가 ~하는 이유다 ▷ this is where + 주어 + 동사 ~ → 이것은 …가 ~하는 곳이다 ▷ this is when + 주어 + 동사 ~ → 이것은 …가 ~하는 때이다	
	5	**bring items for donation**	기부를 위해 물품들을 가져오다
	6	**donation booth**	기부 부스
	7	**be located in the lobbies**	로비들에 위치하다
		▷ lobby → (건물 출입구 등에 위치한) 로비, 정치권 등에 로비를 하다 / lobbyist → 로비 전문가	
	8	**drop off A / drop out**	A를 내려주다, A를 두고(놓고) 가다 / 학교를 중퇴하다
	9	**usual library hours / as usual**	일상적인 도서관 운영시간 동안에 / 평소와 마찬가지로
	10	**donated food**	기부된 음식
	11	**non-perishable / perish**	(오랫동안 보관해도) 상하지 않는 / 죽다, 사라지다
	12	**canned meats and canned fruits**	캔 속에 들어 있는 고기와 캔 속에 들어 있는 과일
	13	**goods / packaged goods**	물건(상품 = articles, merchandises) / 포장된 물건
	14	**distribute / distribution**	분배하다(= give<hand> out), 유통시키다 / 분배, 유통
	15	**appreciate / appreciation**	감사히 여기다, 가치 등을 평가(감상)하다, 이해(인식)하다, 가치가 상승하다 / 감사하는 마음, 가치 등의 평가(감상)
	16	**bless / blessing / be blessed with A**	축복하다 / 축복 / A가 주어지는 축복을 받다
19	1	**lose the piano contest to A**	피아노 대회에서 A에게 지다
	2	**I was deeply troubled**	나는 너무 당황했다, 나는 너무 불안했다.
	3	**shake with uneasiness**	불안하게(= uneasily) 떨다
		▷ uneasy → 불안한(= anxious) / uneasiness → 불안함(= anxiety, apprehension) / uneasily → 불안하게	
	4	**my heart beat quickly / halfhearted**	내 심장이 빠르게 뛰었다 / 열정(관심)이 부족한
		▷ beat → 때리다, 뛰다(⇒ beat – beat – beat) / cheat → 속이다, 부정행위를 하다 / wheat → (곡물) 밀	
	5	**my face became reddish**	내 얼굴이 살짝 붉어졌다 = my face flushed a little
		▷ save face → 체면을 세우다 / lose face → 체면을 잃다 / make a face → 인상을 쓰다, 웃긴 표정을 짓다	
	6	▶ to+v가 '~하기 위해'를 의미하는 예 1 I had to run out of the concert hall **to settle down**. = I had to run out of the concert hall **so that(in order that) I could settle down**. 나는 **마음을 가라앉히기 위해** 콘서트홀 바깥으로 달려나가야 했다.	
	7	**settle down / settle / saddle**	마음을 가라앉히다 / 정착하다, 해결하다 / 안장(을 놓다)

지문	번호	표현	뜻
19	8 030~035	▶ 주절 앞에서 형성되는 분사 패턴의 예 1 **Sitting** on the stairs alone, I recalled what my teacher had said. 계단에 혼자 **앉아**, 나는 내 선생님이 말했던 것을 회상했다. / 현재분사(능동) → 동시상황 및 이유 등의 의미를 나타내며, 능동일 땐 현재분사를 수동일 땐 과거분사를 써야 한다. **Shocked** by his comment that geology was a science devoid of practical utility, I got speechless. 지질학은 실용적인 유용성이 전혀 없는 과학이라는 그의 발언에 **충격을 받아**, 나는 말문을 열지 못했다. → 내가 충격을 주는 것(능동)이 아니라 충격을 받는 입장(수동)이므로 과거분사(Shocked)를 써야 한다.	
	9	**I recalled what my teacher had said**	나는 내 선생님이 말했던 것을 회상했다.
		▷ recall → 회상하다(= recollect), 소환하다, (불량품) 회수하다 / wake-up call → 문제에 대한 각성(깨달음)	
	10	▶ 기준이 되는 과거보다 더 먼 과거 상황을 나타내는 과거완료(대과거: had + 과거분사)의 예 Sitting on the stairs alone, I recalled what my teacher **had said**. 계단에 혼자 앉아, 나는 내 선생님이 **말했던** 것을 회상했다. → 회상했던 때보다 더 먼 과거인 '선생님이 말했던 상황'을 뜻하므로 과거완료(had + 과거분사)를 썼다.	
	11	▶ 'not A but B'로 'A가 아니라 B다'를 나타내는 패턴의 예 Life is about winning, **not necessarily** about winning against others **but** winning at being you. 인생은 이기는 것과 관련돼 있는데, **반드시** 다른 사람들을 상대로 이기는 것과 관련돼 있는 것**이 아니라** 네 존재의 정체성 그대로가 되는 도전에서 이기는 것과 관련돼 **있다**. → 'not necessarily A but B'는 '반드시(꼭) A인 것이 아니라 B다'를 의미한다.	
	12	**win against others / win A over**	다른 사람을 상대로 이기다 / 설득으로 A의 지지를 얻다
	13	**win at being you**	네 존재의 정체성 그대로가 되는 도전에서 이기다
	14 036~038	▶ 'be동사 뒤에 보어 등의 기능으로 연결되는 to+v 패턴 1 The way to win is **to figure out** who you are and **(to) do** your best. The way to win is ~~figure out~~ who you are and ~~do~~ your best. [x] 이기는 방법은 네가 누구인지를(너의 본질을) **알아내는 것**과 최선을 **다하는 것**이다. → to+v로 패턴 연결이 분명하면 뒤에 오는 to+v에서 to를 생략할 수 있다. 이처럼 be동사의 보어로 to+v를 써야 하는 패턴에서 to를 빼면 틀린 표현이 된다. The best solution will be **to take** heart, **(to) resume** the work, and **(to) proceed** according to plan. 최선의 해결책은 다시 **희망을 머금고**, 업무**를 재개하고**, 계획대로 **계속 나아가는 것**일 거다.	
	15	**figure out A / figure**	A를 알아내다, A의 해결책을 찾다 / 모양, 인물, 숫자
	16	**he was absolutely right**	그가(그의 말이) 완전히(분명히 = utterly) 옳았다
	17	**have no reason to+v**	~할 이유가 없다 = there is no point in ~ing
	18	**oppose / opposition / opposite**	반대하다(= object to, be opposed to) / 반대 / 반대(의)
	19	**focus(concentrate) on A**	A에 집중하다, A를 중심으로 하다 = center on(around) A
	20	**improve / improvement**	개선되다, 향상시키다(= enhance) / 개선, 향상
	21	**breathe out / take one's breath away**	숨을 내쉬다(= exhale) / 숨을 멎게 할 정도로 사로잡다
	22	**steady / sturdy**	안정된(= stable), 꾸준한 / 튼튼한(건강한 = robust)

멈추다, 중지하다, 정지 h____

A를 제외(배제)하다 r____ out A

여가 활동, 취미 pas____

halt [hɔːlt]

rule out A

pastime [pǽstàim]

19	23	**at last / last-minute**	마침내(= finally, eventually, in the end) / 마지막 순간의
	24	**my mind is at peace / open-minded**	내 마음은 평안한 상태다 / 편견 없이 마음이 열려 있는
	25	**grateful / gratitude**	고마워하는(= thankful) / 감사(= appreciation)
	26	**sorrowful / sorrow**	슬픈, 슬픔으로 가득한 / 슬픔
	27	**upset**	기분 상하거나 실망한, 당황·실망하게 하다(= dismay)
	28	**calm**	차분한, 날씨가 고요한 = serene, tranquil, relaxed
	29	**envious / envy**	부러워하는 / 부러워하다
	30	**doubtful / doubt**	확신하지 못하는, 의심을 품은 / 의심하다, 의심
	31	**bored / bore / boredom**	지루하게 느끼는 / 지루하게 하다, 구멍을 뚫다 / 지루함
	32	**relieved / relief / relieve**	안심한(= reassured) / 안심, 안도 / 덜다, 안심시키다
20	1	**develop expertise**	전문 지식(전문 기술)을 기르다
		▷ expert → 전문가, 숙달된(숙련된 = proficient, adept, accomplished) / expertise → 전문 지식(기술)	
	2	**cost / carry costs / costly**	비용, 치러야 할 대가 / 치러야 할 대가를 안고 있다 / 비싼
		▷ at the cost of A → A를 희생해서(A에게 해를 끼치면서 = at the expense of A)	
	3	**of its own / on one's own**	그 자체로, 그것 나름대로 / 스스로, 혼자서
	4	**become experts in some areas**	어떤 영역(분야 = fields)에서 전문가가 되다
	5	**simply by living our lives**	그저 우리의 인생을 살아 감으로써
	6	**in many other domains**	많은 다른 특정 영역(분야 = field, area, sphere)에서는
	7	**expertise requires considerable training and effort**	전문 지식(기술)은 엄청난 훈련과 노력을 필요로 하다
		▷ considerable → 크기·수량 등이 엄청난 / considerate → 남을 배려하는 / inconsiderate → 배려하지 않는	
	8	**what's more**	게다가, 덧붙여서 = moreover, furthermore, in addition
	9	**expertise is domain specific**	전문 지식(기술)은 영역이(분야가) 구체적이다
		▷ specific → 특정한, 구체적인 / specifically → 구체적으로 / specify → 구체적으로 언급(설명)하다	
	10	▶ 주어와 동사가 멀리 떨어져 있어 동사 파악이 혼동되는 예 1 **The expertise** that we work hard to acquire in one domain **will** carry over only imperfectly to related ones, and not at all to unrelated ones. 우리가 한 영역에서 습득하기 위해 열심히 노력하는 **전문 기술은** 관련된 영역들까지는 그저 불완전하게 영향을 미**칠 것이**고, 관련이 없는 영역들까지는 전혀 영향을 미치지 않**을 것이다**. → that we work hard to acquire in one domain은 관계사 덩어리로, 주어인 'The expertise'를 수식한다. → 첫 번째 동사 '**will carry over** ~'는 and를 연결 고리로 두 번째 동사인 'not at all to unrelated ones'와 이어지는데, 두 번째 동사는 '**will** not at all **carry over** to unrelated ones'가 축약된 형태다.	
	11	**acquire / acquisition**	습득하다, 획득하다(= obtain, come by) / 습득, 취득

	12	carry over to A / carrier	A까지 영향을 미치다 / 운반 캐리어, 운송회사, 보균자
	13 039 v 041	▶ 동일한 전치사로 동일한 패턴을 이어가는 예 1 The expertise **will carry over** only imperfectly **to** related ones, and **not at all to** unrelated ones. 전문기술은 관련된 영역**까지**는 그저 불완전하게 **영향을 미칠 것이고**, 관련이 없는 영역**까지**는 **전혀 영향을 미치지 않을 것이다**. The statistics **shed light** not only **on** what their occupations are but also **(on)** how much they earn. 그 통계는 그들의 직업이 무엇인지**에 대한** 것뿐만 아니라 얼마나 버는지**에 대해 잘 이해되게 해 준다**. → 이처럼 연결 의미 및 패턴이 확실할 땐 뒤에 병렬 패턴으로 따라오는 전치사가 생략되기도 한다.	
	14 042 v 045	▶ 이미 언급한 명사와 같은 종류의 명사를 단수로 받아 주는 one, 복수로 받아 주는 ones 1 A horizontal crack on the surface has been deemed to be more dangerous than a vertical **one**. 표면의 수평으로 생긴 금은 수직으로 생긴 **것(금)**보다 더 위험하다고 여겨져 왔다. The expertise that we work hard to acquire in one domain will carry over only imperfectly to related **ones**, and not at all to unrelated **ones**. 우리가 한 영역에서 습득하기 위해 열심히 노력하는 전문 기술은 관련된 **것들(영역들)**까지는 그저 불완전하게 영향을 미칠 것이고, 관련이 없는 **것들(영역들)**까지는 전혀 영향을 미치지 않을 것이다.	
	15	not at all / all in all	전혀 아니다 / 대체로(= for the most part, in general)
	16	unrelated / relate / relate to A	연관되지 않은 / 연관시키다, 이야기하다 / A에 공감하다
	17	in the end / make ends meet	결국(= at last, eventually) / 간신히 생계를 꾸려 가다
20	18 046 v 047	▶ 'as much as ~'가 '비록 ~하더라도(비록 ~하지만 = although)'를 의미하는 패턴의 예 **As much as** she denied it, what seemed to be a temporary job was becoming a vocation. = **Much as** she denied it, what seemed to be a temporary job was becoming a vocation. = **Although(= Even though)** she denied it, what seemed to be a temporary job was becoming ~. **비록** 그녀는 그것을 부인했**지만**, 임시 업무처럼 보였던 것은 천직이 되고 있었다. **As much as** we may want to become experts on everything, there isn't enough time to do so. **비록** 우리가 모든 면에서 전문가가 되기를 원하**더라도**, 그렇게 할 시간이 충분하지 않다.	
	19	become experts on everything in our lives	우리 삶의 모든 것(모든 분야)에서 전문가가 되다
	20	there simply isn't enough time to do so	그저 그렇게 하기 위한 충분한 시간이 없을 뿐이다
	21 048 v 049	▶ can(could), will(would), should 등 조동사로 패턴을 이어갈 때 문장 형성의 예 1 As much as we may want to **become** experts on everything in our lives, there simply isn't enough time to do so. Even in areas where we **could**, it won't necessarily be worth the effort. = ~ to do so. Even in areas where we **could** (**become** experts), it won't necessarily be worth ~ 비록 우리가 모든 면에서 전문가가 되기를 원하더라도, 그렇게 할 시간이 충분하지 않다. 심지어 우리가 전문가가 될 수 있는 영역들에서도, 그런 노력을 해야 할 가치가 반드시 있진 않을 것이다. → 이처럼, 조동사만을 쓰더라도 앞에 나온 동사원형 덩어리를 연결해 문장을 효과적으로 줄일 수 있다. It will be hard to **get** your point across to them, but you **should** to win the contract. = ~ point across to them, but you **should** (**get** your point across to them) to win the contract. 너의 핵심 주장을 그들에게 분명히 이해시키는 것은 힘들겠지만, 계약을 따기 위해선 그렇게 해야 한다.	

파괴하다, 파괴, 난파 wr____

그럭저럭(용케) 해내다 g___ by

~할 운명인, 분명히 ~할 de____

wreck [rek]

get by = get along

destined [déstind]

지문	번호	표현	의미
20	22	**it won't necessarily be worth the effort**	그런 노력을 해야 할 가치가 반드시 있진 않을 것이다
		▷ it is[isn't] worth + '명사 또는 동명사' → '~할 만한' 가치가 있다[없다]	
	23	**it's clear that ~ / crystal clear**	~인 것은 분명하다 / 투명·분명한(= transparent, obvious)
	24	**concentrate our expertise on A**	우리의 전문 지식을 A에 집중하다
	25	**those domains of choice that are most common and/or important**	가장 일반적이고(일반적이거나) 가장 중요한 그런 선택 영역들
		▷ common → 일반적인(평범한), 공통된 ↔ uncommon(흔치 않은) / commoner → 귀족이 아닌 평민	
	26 050 ∨ 052	▶ 앞에 나온 명사를 단수로 받아주는 that, 복수로 받아주는 those 1 The astronomer stresses that the size of planet A is literally dwarfed by **that** of planet B. 그 천문학자는 행성A의 크기는 행성B의 **그것에(크기에)** 의해 말 그대로 압도돼 작게 보인다고 강조한다. We should concentrate our own expertise on those domains of choice that are most common and/or important, and **those** we actively enjoy learning about and choosing from. 우리는 우리의 삶에서 가장 일반적이고(일반적이거나) 가장 중요한 그러한 선택 영역들, 그리고 배우고 고르는 것을 우리가 적극적으로 즐기는 **그것들(영역들)**에 우리의 전문 지식을 집중해야 한다.	
	27	**those we actively enjoy learning about and choosing from**	배우고 고르는 것을 우리가 적극적으로 즐기는 그것들(영역들)
21	1	**there is a proverb that says ~**	~라고 말하는 속담이 있다
		▷ proverb → 속담(격언 = saying) / proverbial → 격언과 관련된, 널리 알려지고 많이 언급되는	
	2	**Till the lions have their historians, tales of hunting will always glorify the hunter**	사자들이 자신들의 역사학자들을 갖게 될 때까지, 사냥 이야기들은 항상 사냥꾼을 미화할 것이다 → 자연은 인간에 의해 피해를 당해도 호소할 데가 없다
		▷ till ~ → ~까지(= until ~) / gill → 아가미 / mill → 제분소(방앗간), 제분하다 / windmill → 풍차 ▷ historian → 역사학자 / historical → 역사의(역사와 관련된) / historic → 역사적인, 역사적으로 중요한 ▷ tale → 이야기 / male → 남성, 수컷 / female → 여성, 암컷 / hail → 우박 / jail → 감옥 / tail → 꼬리 ▷ glorify → 찬양하다, 더 좋게 보이게 하다(미화하다) / glory → 찬사, 영광 / glorious → 영광스러운, 찬란한	
	3	**the proverb is about power, control and law making**	그 속담은 권력, 장악(지배, 억제), 그리고 법률 제정과 관련된 것이다
	4	**environmental journalist / journal**	환경을 중시하는 언론인 / 일기(= diary), 신문·잡지
	5	**play the role of the 'lion's historians'**	사자의(사자를 대변하는) 역사학자들의 역할을 맡다 = play a part of the 'lion's historians'
	6	**put across the point of view of the environment to ~**	환경의 관점을 ~에게 분명히 이해시키다
		▷ put across A to B → A를 B에게 분명히 이해시키다(= put A across to B = get A across to B) ▷ point of view → 관점(= viewpoint, standpoint) / in view of A → A를 고려했을 때(= given), A 때문에	

21	7	**people who make the laws**	법을 만드는 사람들
	8	**the voice of wild India / wildlife**	인도의 야생을 대변하는 목소리 / 야생 동물
	9	**present rate of human consumption is completely unsustainable**	인간 소비의 현재 속도는 지속이 완전히 불가능하다
		▷ present rate → 현재 속도, 현재 비율, 현재 요금 / flat rate → 균일(정액제) 요금 ▷ consume → 소비하다, 섭취하다 / consumption → 소비, 섭취 / consumer → 소비자 ▷ sustain → 지속하다, 지탱하다 / sustainable → 지속 가능한, 파괴를 막아 생태계의 균형을 유지하는 unsustainable → 지속할 수 없는(지속 불가능한 = not sustainable) / sustainability → 지속 가능성	
	10	**wetland / wet behind the ears**	습지(= marsh, swamp) / 아직 어리고 미숙한
	11	**wasteland / waste / haste / paste**	황무지(= wilderness) / 쓰레기 / 성급함 / 풀, 붙이다
	12	**coast / coastal zone**	해안 / 해안 지대
	13	**eco-sensitive zones**	환경적으로 쉽게 영향을 받는 예민한 지대
	14	**they are all seen as disposable for the accelerating demands of ~**	이 모든 것들은 ~의 더 빨라지는 수요를 위해 한 번 쓰고 버려지는 일회용으로 여겨진다
		▷ be seen as A → A로 여겨지다(= be thought of<regarded, viewed> as A, pass for<as> A) ▷ disposable → 한 번 쓰고 버려지는, 일회용의 dispose of A → A를 없애다 / disposal → 처리(처분) / at one's disposal → 마음대로 사용할 수 있는 ▷ accelerating demand → 더 속도를 내는(더 빨라지는) 수요 accelerate → 더 빨라지다, 더 속도를 내다 / acceleration → 가속 / accelerator → 가속 장치	
	15	**population / popularity**	인구 / 인기
	16	▶ 주어와 동사가 멀리 떨어져 있어 동사 파악이 혼동되는 예 2 **To ask for** any change in human behaviour — whether it be to cut down on consumption, alter lifestyles or decrease population growth — **[~~are~~ / is]** seen as a violation of human rights. 소비를 줄이는 것이든, 삶의 스타일을 바꾸는 것이든, 아니면 인구 성장을 감소시키는 것이든, 인간의 행동에서 변화**를 요구하는 것은** 인권의 침해**로 여겨진다** → 주어 'To ask for ~'는 'Asking for ~'와 같은 의미이며, 주어가 to+v 또는 동명사는 '~하는 것'으로 해석되는 단수 주어이므로, 뒤에 따라오는 동사는 단수 동사(is)이어야 한다.		
	17	**ask for a change**	변화를 요구하다(= request)
	18	**human behaviour(behavior)**	인간의 행동
	19	**whether it be … or ~**	그것이 …이든 아니면 ~이든 = whether it is … or ~
	20	**cut down on consumption**	소비를 줄이다(= cut back on, reduce)
	21	**alter / alter lifestyles**	바꾸다(= change, modify) / 삶의 방식을 바꾸다
	22	**decrease population growth**	인구 증가를 줄이다
	23	**violation of human rights**	인권의 위반(침해)
		▷ violate → 법률 등을 위반하다(= break, breach), 권리 등을 침해하다(= invade, intrude upon)	

난파(배의 침몰), 난파선 sh___

토하다 t___ up

운명 de___

문항	번호		
21	24	at some point / breaking point	어느 순간 / 더 이상은 감당하기 어려운 한계점
	25	human rights become 'wrongs'	(환경을 망각하는) 인권은 '해롭고 부당한 행위'가 된다
		▷ wrong → 틀린(= incorrect, erroneous), 부당한(= unjust), 부당한 행위(= misdeed), 부당하게 취급하다	
	26	it's time we changed our thinking	우리가 우리의 생각을 바꿀 때다 = it's time we should change our thinking = it's time for us to change our thinking
	27	▶ '… so that ~'이 '~하도록(~하기 위해) …하다'를 의미하는 패턴의 예 It's time we changed our thinking **so that(= in order that)** there is no difference between the rights of humans and the rights of the rest of the environment. 인간의 권리와 환경의 나머지 다른 생명체들의 권리 사이에 차이점이 전혀 없게 **하기 위해** 우리가 우리의 생각을 바꿀 때다.	
	28	there is no difference between A and B	A와 B 사이에 차이점이 전혀 없다
	29	the rest of the environment	환경의 나머지 다른 요소들(나머지 다른 생명체들)
	30	uncovering the history of a species' biological evolution	한 종의 생물학적 진화의 역사를 밝혀내는 것
		▷ uncover → 비밀 등을 밝혀내다(= discover), 덮개를 벗겨내다 / undercover → 비밀의(= secret)	
	31	urging a shift to sustainable human behaviour for nature	자연을 위해 지속가능한 인간의 행동을 향한 전환을 강하게 촉구하는 것
		▷ urge → 강하게 설득(촉구, 재촉)하다, 충동(= impulse, desire) ▷ shift → 옮기다(= move), 바꾸다(바뀌다 = change, alter), 전환(변환, 이동 = alteration), 교대 근무 a shift to A → A를 향한 전환(변환)	
	32	fighting against widespread violations of human rights	넓게 확산된 인권의 침해에 맞서 싸우는 것
		▷ fight against A → A에 맞서 싸우다 / fight for A → A를 위해 싸우다 ▷ widespread → 폭넓게 퍼진(= extensive, ubiquitous, prevalent, rampant) / spread → 펴다, 퍼지다	
	33	rewriting history for more underrepresented people	대표성을 충분히 인정받지 못하고 차별을 더 받는 사람들을 위해 역사를 다시 쓰는 것
		▷ represent → 나타내다(설명하다), 상징하다, 대표하다 representation → 묘사(설명), 상징, 대표 / representative → 대표자(대리인), 대표하는 underrepresented → 대표성을 인정받지 못하고 차별을 받는	
	34	restricting the power of environmental lawmakers	환경 관련 입법자들의 권력을 제한하는 것
		▷ restrict → 제한하다(= limit, confine, regulate) / restriction → 제한(= limitation, constraint, check) ▷ lawmaker → 법을 제정하는 입법자(= legislator)	

shipwreck [ʃíprèk]

throw up = vomit [vá:mət]

destiny [déstəni] = fate [feit]

22	1	**prior to A**	A 전에 = before A
		▷ prior → 전의(= previous, preceding) / priority → 가장 우선시되는 것 / prioritize → 가장 우선시하다	
	2	**file-sharing service / file**	파일 공유 서비스 / 서류, (특허) 출원하다, (소송) 제기하다
		▷ do A service → A에게 도움을 주다 / at A's service → A의 편의를 위해 준비된 / be of service → 도움 되는	
	3	**music albums landed exclusively in the hands of music critics**	음악 앨범은 공유되지 않고 독점적으로 음악 비평가들의 손에 들어갔다
		▷ land in the hands of ~ → ~의 손에 들어가다 / in the shadow of ~ → ~에 가려 빛(주목)을 못 받는 ▷ exclude → 제외하다(= rule out, leave out, factor out, omit) / exclusion → 제외 exclusive → 공유되지 않는 단독의, 소수층을 위한 최고급의 / exclusively → 공유되지 않고 독점적으로 ▷ criticize → 비판하다 / critical → 비판적인, 아주 중요한 / critic → 비평가 / critique → 비평(하다)	
	4	**release / lease**	발매(출시), 해방, 발매(출시)하다, 풀어주다 / 임대하다
	5	**well before A**	A 전에 훨씬 앞서
	6	**general public / general / funeral**	일반 대중 / 일반적인, 장군 / 장례식
	7 053 v 054	▶ can(could), will(would), should 등 조동사로 패턴을 이어갈 때 문장 형성의 예 2 These critics would **listen** to them well before the general public **could**. = These critics would **listen** to them well before the general public **could** (**listen** ~~). 이 비평가들은 일반 대중이 들을 수 있기 전에 훨씬 앞서 그것들을(음악 앨범들을) 듣곤 했다. His conviction is that we need not **consult** a doctor regularly even when we **should**. = His conviction is that we need not **consult** a doctor regularly even when we **should** (**consult** ~). 그의 확신은 우리가 의사와 규칙적으로 상담을 해야 할 때조차도 그렇게 할 필요가 없다는 것이다.	
	8	▶ 조동사 뒤에 2개 이상의 동사원형이 이어지는 경우 1 These critics **would** listen to them well before the general public could and preview them for the rest of the world in their reviews. 이 비평가들은 일반 대중이 들을 수 있기 전에 훨씬 앞서 그것들을(음악 앨범들을) 듣고 평론을 쓰는 과정에서 세상의 나머지 사람들을 위해 그 앨범들을 미리 평가해 주곤 했다.	
	9	**preview**	시사회, 공개에 앞서 미리 접하다, 미리 평가해 주다
	10	**for the rest of the world**	세상의 나머지 사람들을 위해
	11	**review**	작품 등에 대한 평론(리뷰), 검토(조사), 검토(조사)하다
	12	**once the internet made music easily accessible and allowed advanced releases to spread**	일단 인터넷이 음악을 쉽게 접근할 수 있게 만들고 사전 발매(사전 공개)가 확산될 수 있게 하자 마자
		▷ once → 일단 ~하면(~하자 마자), 이전에 / once bitten, twice shy → 이전의 안 좋은 기억으로 신중해지다 ▷ access → 접근(이용), 접근(이용)하다 / accessible → 접근(이용) 가능한 / accessibility → 접근 가능성 ▷ allow + A + to+v → A가 ~할 수 있게 하다(~할 수 있게 허용하다) / disallow → 허용하지 않다 ▷ advance → 전진하다(발전하다), 전진(발전) / advanced → 발달된, 앞선 / advancement → 전진, 발전	

유괴하다, 납치하다 ki____

A를 버리다 t____ away(out) A

최종 목적지 de____

22	13	**through online social networks**	온라인 소셜 네트워크를 통해
	14	**availability of new music became democratized**	새로운 음악의 입수(구매, 이용) 가능성이 민주적으로 변화됐다
	15 055 v 057	▶ '~, **which** …'로 '~하는데, **그것은** …이다'를 뜻하며 앞 문장의 특정 요소를 받아주는 패턴 2 The Sun produces **this radiation, which** can penetrate the Earth's atmosphere. 태양은 **이 방사선**을 만들어내는데, **그것은** 지구 대기를 관통할 수 있다. → **특정 사물**을 받아주는 경우 **Availability of new music became democratized, which** meant critics no longer had unique access. **새로운 음악의 입수 가능성이 민주적으로 변화됐는데,** 그것은 비평가들이 더 이상 독특한 접근권을 갖지 못하게 됐다는 것을 의미했다. → **특정 문장**을 받아주는 경우	
	16	**~, which meant critics no longer had unique access**	~인데, 그것은 비평가들이 더 이상 독특한 접근권을 갖지 못하게 됐다는 것을 의미했다
		▷ no longer ~ → 더 이상 ~하지 않다(= not ~ any longer) ▷ unique → 독특한(유별난) / technique → 기술(기교) / antique → 오래된, 골동품	
	17	**that is ~**	다시 말해 ~ = that is to say, in other words, namely, i.e.
	18	**critics and laypeople alike**	비평가들과 비전문가들 모두 같이
	19	**obtain / unobtainable**	얻다, 획득하다 = acquire, come by / 획득할 수 없는
	20	**simultaneous / simultaneously**	동시에 발생하는(= concurrent) / 동시에(= at once)
	21	**social media**	참가자들이 온라인으로 소통하는 소셜 미디어
	22	**enable + A + to+v**	A가 ~하는 것을 가능하게 하다
	23	▶ 접속사를 연결 고리로 2개 이상의 to+v를 잇는 패턴의 예 Social media services also enabled people **to publicize** their views on new songs, **(to) list** their new favorite bands in their social media bios, and **(to) argue** over new music endlessly. 소셜 미디어 서비스는 또 사람들이 새 노래들에 대한 자신의 관점**을 널리 알리고**, 소셜 미디어의 자기소개 창에 가장 좋아하는 새 밴드들의 **리스트를 올리고**, 새 음악에 대해 끝없이 **논쟁하는 것**을 가능하게 했다. → 'enable + A + to+v(A가 ~하는 것을 가능하게 하다)'를 축으로, 3개의 to+v(to publicize, to list, to argue)가 and를 연결 고리로 이어졌고, 'to list'와 'to argue'에서 to는 생략될 수 있다.	
	24	**publicize their views on new songs**	새 노래들에 대한 자신들의 관점을 널리 알리다
		▷ public → 대중의, 널리 알려진 / publicity→ 널리 알려지는 것, 홍보 / publication→ 출판, 출판물 publicize → 널리 알리다(= promote, proclaim) / publish → 출판하다, 발표하다 / publisher → 출판사	
	25	**list their new favorite bands in their social media bios**	소셜 미디어의 자기소개 창에 그들의 가장 좋아하는 새 밴드들의 리스트를 올리다
	26	**argue over(about) A**	A에 대해 논쟁하다 = quarrel over(about) A
	27	**endless / endlessly**	끝없는(= eternal, infinite) / 끝없이
	28	**message board / cutting board**	메시지를 올려놓는 게시판, 온라인 토론방 / 도마

kidnap [kídnæp] = abduct

throw away(out) A

destination [dèstənéiʃən]

<table>
<tr><td rowspan="2"></td><td>29
058
v
061</td><td colspan="2">▶ '주어 + be동사 + that절 ~'로 '…는 ~다는 점이다(것이다) 및 …는 ~이다'를 나타내는 패턴
The result was **that** critics now could access the opinions of the masses on a particular album.
결과는 이제 비평가들이 특정 앨범에 대한 대중의 의견에 접근할 수 있게 됐**다는 것이었다**.
What astonishes us is **that** a man with no limbs will embark on such a perilous adventure.
우리를 놀라게 하는 것은 사지가 없는 한 남자가 그런 위험한 모험을 시작할 것이**라는 점이다**.</td></tr>
<tr><td rowspan="2">30</td><td>**access the opinions of the masses on a particular album**</td><td>특정한 앨범에 대한 대중(다수의 보통 사람)의 의견에 접근하다</td></tr>
<tr><td rowspan="15">22</td><td colspan="2">▷ mass → 대량의, 덩어리, 군중(대중), 크게 형성되다 / amass → 축적하다 / mess → 엉망진창, 어지럽히다</td></tr>
<tr><td>31</td><td>**before writing their reviews**</td><td>자신들의 평론을(리뷰를) 쓰기 전에</td></tr>
<tr><td>32</td><td>**thus**</td><td>그래서 = therefor, hence</td></tr>
<tr><td>33</td><td>**instead of A**</td><td>A 대신에 = in place of A</td></tr>
<tr><td>34
062
v
064</td><td colspan="2">▶ 동명사의 주어를 나타내는 용법 1
Instead **of** music reviews [~~guided~~ / **guiding**] popular opinion toward art, music reviews began to reflect public opinion.
음악 평론이 대중의 의견을 예술 쪽으로 **유도하는 것** 대신, 음악 평론은 대중의 의견을 반영하기 시작했다.
→ '**전치사** + 동명사의 주어 + **동명사**'로 동명사의 주어를 나타내고, '~이(가) **~하는 것**'으로 해석
→ '전치사 + 동명사의 주어 + 동명사'에서 동명사 자리에 동사원형 등 다른 형태가 들어갈 수 없다.
We were surprised **at** Chris(him, his) **taking** the initiative to undertake such a backbreaking task.
우리는 Christ가(그가) 그처럼 고된 일을 떠맡는 데 남들보다 앞서 **주도적으로 나서는 것**에 놀랐다.
→ 동명사의 주어로 '명사' 또는 '목적격 및 소유격 대명사'가 올 수 있고, 주격 대명사는 올 수 없다.</td></tr>
<tr><td>35</td><td>**guide popular opinion toward art**</td><td>대중의 의견을 예술 쪽으로 유도(안내)하다</td></tr>
<tr><td>36</td><td colspan="2">▶ '일반동사를 받아주는 do, does, did / be동사를 받아주는 be, is, are, was, were' 패턴의 예 2
Instead of music reviews guiding popular opinion toward art (as they **did** in preinternet times), music reviews began to reflect — consciously or subconsciously — public opinion.
음악 평론이 (인터넷 이전 시대에 **그랬던<유도했던>** 것처럼) 대중의 의견을 예술 쪽으로 유도하는 것 대신, 음악 평론은 의식적으로 또는 잠재의식적으로 대중의 의견을 반영하기 시작했다.</td></tr>
<tr><td>37</td><td>**preinternet times**</td><td>인터넷 이전 시대</td></tr>
<tr><td>38</td><td>**reflect / reflection**</td><td>반영·반사하다(= mirror), 되짚어보다(~ on) / 반영, 반사</td></tr>
<tr><td rowspan="2">39</td><td>**consciously or subconsciously**</td><td>의식적으로 또는 잠재의식적으로(무의식적으로)</td></tr>
<tr><td colspan="2">▷ conscious → 의식이 있는, 의식적인 / unconscious → 의식이 없는 / subconscious → 잠재의식적인</td></tr>
<tr><td>40</td><td>**public opinion**</td><td>대중의 의견</td></tr>
<tr><td rowspan="4">23</td><td>1</td><td>**difficulties arise**</td><td>어려움이 생겨난다(= appear, emerge, show up, crop up)</td></tr>
<tr><td>2</td><td>**think of A as B / think over A**</td><td>A를 B로(B라고) 여기다 / A에 대해 심사숙고하다</td></tr>
<tr><td rowspan="2">3</td><td>**collaborative systems**</td><td>협력하는 시스템</td></tr>
<tr><td colspan="2">▷ collaborate → 협력하다(= cooperate) / collaboration → 협력 / elaborate → 정교한, 상세히 설명하다</td></tr>
</table>

급상승하다, 급등하다 sk____

시간을 보내다 h____ out

판단의 기준이 되는 것 ben____

문항	번호	표현	뜻
23	4	**not A but B**	A가 아니라 B다, A하는 것이 아니라 B하다
	5	**assign A to B**	A를 B에게 할당하다
		▷ assign → 할당·배정하다(= allocate, allot), 임명하다(= appoint) / assignment → 할당된 과제, 배정	
	6	**whatever tasks can be automated**	자동화될 수 있는 무슨 일이든 다
		▷ automation → 자동화 / automate → 자동화하다(되다) / mate → 짝, 친구, (동물) 짝짓기를 하다	
	7	▶ 주어에 이어 2개 이상의 동사들이 접속사를 연결 수단으로 이어지는 패턴 1 Difficulties arise when **we** do not **think of** people and machines as collaborative systems, but **assign** whatever tasks can be automated to the machines and **leave** the rest to people. **우리가** 사람들과 기계들을 협력하는 시스템으로 **여기는 것**이 아니라 자동화될 수 있는 무슨 일이든 다 기계들에게 **할당하**고 나머지를 사람들에게 **맡길** 때 어려움들이 발생한다.	
	8	**leave the rest to people**	나머지를 사람에게 맡기다
	9	**this ends up requiring people to behave in machine-like fashion**	이것은 결국 사람들에게 기계와 같은 방식으로 행동을 하도록 요구하는 것이 되고 만다
		▷ end up ~ing → 결국 ~이 되다(결국 ~이 되고 만다 = wind up ~ing) ▷ require + A + to+v → A에게 ~하도록(~하는 것을) 요구하다 / requirement → 요구, 필요 조건 ▷ fashion → 패션, 방식, 만들다 / in fashion(style) → 유행하는 / out of fashion(style) → 유행이 지난	
	10	**differ from A / in ways that differ from human capabilities**	A와 다르다(= be different from A) / 인간의 능력과 다른 방식으로(패턴으로)
		▷ capable → 능력이 있는, 할 수 있는 / incapable → 능력이 없는, 할 수 없는 / capability → 능력	
	11	**expect people to monitor machines**	사람들이 기계를 계속 체크하는 것을 기대하다
		▷ expect + A + to+v → A가 ~하는 것을 기대(예상)하다 / expectation → 기대(= anticipation) ▷ monitor → 계속 체크하다, 화면 / janitor → 건물 관리인 / creditor → 채권자(↔ debtor<채무자>)	
	12	**…, which means ~**	…인데, 그것은 ~를 의미한다
	13	**keep alert for long periods**	주의하고 경계하는 상태를 오랜 시간 동안 유지하다
		▷ alert → 제대로 판단하고 경계하는, 경보(= alarm), 경계, 경고하다(= warn), 문제점 등을 인식하게 하다	
	14 065 ∨ 074	▶ 콤마 뒤에서 동격 **명사** 덩어리가 **앞에 언급된 명사 및 상황**을 이어서 추가로 설명하는 예 1 She is seeking out **another expert**, **someone** who can develop and execute sales tactics. 그녀는 **또 한 명의 전문가**를 찾고 있는데, 판매 전략을 만들고 실행할 수 있는 **그런 누군가**를 말이다. Against all odds, she **fulfilled her pledge to conquer the peak**, **a feat** for a feeble woman. 모든 역경을 딛고, 그녀는 **정상을 정복하겠다는 약속을 지켰는데**, 한 허약한 여자에게 있어서 **큰 성취**였다. We expect people to monitor machines, which means **keeping alert for long periods**, **something** we are bad at. 우리는 사람들이 기계를 계속 체크하는 것을 기대하는데, 그것은 **주의하고 경계하는 상태를 오랜 시간 동안 유지하는 것**을 의미하며, 그것은 우리가 잘 못하는 **것**이다.	
	15	**be bad at A / bad breath**	A에 서투르다, A를 못하다(= be poor at A) / 입냄새

23	16	**we require people to do repeated operations**	우리는 사람들에게 반복되는 작동(가동)을 하도록 요구하다
		▷ operate → 작동되다(작동하다), 운영하다, 수술하다 / operation→ 작동(가동, 운영), 작전, 수술	
	17	**with the extreme precision and accuracy**	과도한(지나친) 정밀함과 정확성으로
		▷ precise → 정밀한, 정확한 / precision → 정밀함, 정확함 / imprecise → 정밀(정확)하지 않은 ▷ accurate → 틀림이 없이 정확한(= faithful) / accuracy → 정확성 / inaccurate → 정확하지 않은	
	18	▶ '명사 + 과거분사 ~'로 '~된(되는) …'을 뜻하며 수동 관계로 명사를 수식하는 패턴의 예 2 ~ with the extreme precision and accuracy **required** by machines. = ~ with the extreme precision and accuracy **(which are) required** by machines. 기계들에 의해 **요구되는** 과도한 정밀함과 정확성으로 ~	
	19	▶ 콤마 뒤에서 동격 **명사** 덩어리가 **앞에 언급된 명사 및 상황**을 이어서 추가로 설명하는 예 2 We require people **to do repeated operations with the extreme precision and accuracy required by machines**, again **something** we are not good at. 우리는 사람들에게 **기계들에 의해 요구되는 과도한 정밀함과 정확성으로 반복된 조작을 하는 것**을 요구하는데, 또 다시 그것은 우리가 잘 못하는 **것**이다.	
	20	**be good at A / be not good at A**	A를 잘하다(= be adept at A) / A를 잘하지 못하다
	21	**divide up the machine and human components of a task in this way**	이런 방식으로 일의 기계적인 구성 요소들과 인간적인 구성 요소들을 구분하다(구별해 분리하다)
		▷ divide up A → A를 구분하다(구별해 분리하다) / division → 구분, 분리 / divisive → 분열을 유발하는 ▷ component → 주요 구성 요소 또는 성분(= important element, important ingredient) ▷ in this way → 이런 식으로(= in this fashion) / go out of one's way → 특별히 더 노력하다	
	22	**we fail to take advantage of human strengths and capabilities**	우리는 인간의 저력(힘)과 능력을 잘 활용하지 못하다
		▷ fail to+v → 해야 하는 ~을 하지 못하다 / never fail to+v → 어김없이 언제나 ~하다 ▷ take advantage of A → A를 잘 활용하다(= utilize A), A를 부당하게 이용해 먹다(= exploit A, play on A)	
	23	**instead**	그 대신에, 대신에
	24	▶ 주어에 이어 2개 이상의 동사들이 접속사를 연결 수단으로 이어지는 패턴 2 When we divide up the machine and human components of a task in this way, **we fail** to take advantage of human strengths and capabilities but instead **[~~relying~~ / rely]** upon areas where we are genetically, biologically unsuited. 이런 방식으로 우리가 일의 기계적인 구성 요소들과 인간적인 구성 요소들을 구분할 때, **우리는** 인간의 저력과 능력을 잘 활용하지 **못하**지만 (활용을 못 하는) 대신 우리가 유전적으로 생물학적으로 적합하지 않은 영역들에 **의존하게 된다**. → we 뒤에 'fail~'에 이어 but을 연결고리로 병렬 패턴인 'rely upon~'이 온 형태다. 'relying'은 틀린 표현.	
	25	**rely upon areas where we are ~**	우리가 ~인 영역들에 의존하다
		▷ rely upon(on) A → A에 의존하다 / reliance → 의존 / alliance → 동맹 / compliance → 순종, 준수	

상승하다, 악화되다 esc___

운전하는 behind the w___

거대한 gi___

지문	번호	English	한국어
23	26	**genetically, biologically unsuited**	유전적으로 생물학적으로 적합하지 않은
		▷ gene → 유전자 / genetic → 유전적인 / genetically → 유전적으로 / genetics → 유전학 ▷ biology → 생물학 / biological → 생물학적인 / biologically → 생물학적으로 / biologist → 생물학자 ▷ suited → 적합한(= suitable) / unsuited → 적합하지 않는(= unfit, incompatible)	
	27	**Yet, when people fail, they are blamed.**	하지만, 사람들이 해야 할 것을 하지 못할 때, 그들은 (책임이 자신들에게 있다며) 비난을 받는다.
	28	**difficulties of overcoming human weaknesses to avoid failure**	실패를 피하기 위해 인간의 약점들을 극복하는 것의 어려움
		▷ overcome → 극복하다(= get over, surmount) / be overcome(overwhelmed) by A → A에 압도되다	
	29	**benefits of allowing machines and humans to work together**	기계와 인간이 함께 일을 할 수 있게 하는 것의 이점
		▷ benefit → 이점(이득 = payoff), 이익을 주다(얻다) / benefactor → 후원(기부)자 / beneficiary → 수혜자	
	30	**issues of allocating unfit tasks to humans in automated systems**	자동화된 시스템에서 부적합한 일을 인간에게 할당하는 것과 관련된 이슈들
		▷ allocate A to B→ A를 B에 할당·분배하다(= allot<assign> A to B) / allocation → 할당, 분배 ▷ fit → 적합한, 어울리다, 맞추다 / unfit → 부적합한 / befit → 어울리다, 걸맞다 / misfit → 부적응자	
	31	**reasons why humans continue to pursue machine automation**	기계 자동화를 인간이 계속 추구하는 이유
		▷ pursue → 잡으려고 쫓다(= chase, go after), 목표 등을 추구하다(= seek) / pursuit → 추적, 추구	
	32	**influences of human actions on a machine's performance**	기계의 성능(수행 능력)에 미치는 인간 행동의 영향
24	1	**think of touch as a temporal phenomenon**	촉각을 시간과 관련된 현상이라고 여기다
		▷ temporal → 시간의, 세속적인(= earthly, worldly, mundane, secular ↔ secluded<속세의>) temporary → 일시적인(= short-term, momentary) ▷ phenomenon → 기이한 현상(상황), 대단한 인물(것) / phenomena → phenomenon의 복수형	
	2	**every bit / bit by bit**	모든 면에서 봤을 때 정말로 / 조금씩(= gradually)
	3 075 ∨ 077	▶ 'A as (much) B as C'로 'A는 C임과 동시에 B이기도 하다'를 의미하는 패턴의 예 Touch is every bit **as (much)** time-based **as** (it is) spatial. = Touch is every bit time-based **as much as** (it is) spatial. 촉각은 모든 면에서 봤을 때 정말로 공간적인 것**임과 동시에** 시간에 바탕을 둔 것**이기도 하다**. Evolution is **as (much)** the backbone of biology **as** (it is) a constantly controversial issue. = Evolution is the backbone of biology **as much as** (it is) a constantly controversial issue. 진화론은 끊임없이 논쟁을 불러일으키는 이슈**임과 동시에** 생물학의 주축**이기도 하다**.	
	4	**time-based / time-honored**	시간에 바탕을 둔 / 유서 깊은, 역사적 가치가 깃든

escalate [éskəlèit]

behind the wheel

gigantic [dʒaigǽntik]

<table>
<tr><td rowspan="25">24</td><td>5</td><td>space / spatial / spacious</td><td>공간, 우주 / 공간의, 공간적인 / 넓은</td></tr>
<tr><td>6</td><td>carry out an experiment to see for yourself</td><td>스스로 직접 확인하기 위해서 실험을 실행·실시하다(= conduct, implement)</td></tr>
<tr><td rowspan="2">7</td><td>Ask a friend to cup his hand, palm face up, and close his eyes.</td><td>친구에게 손바닥을 위로 향하게 해서 (물을 담을 때처럼) 손을 컵 모양으로 모으고, 눈을 감으라고 요청해라.</td></tr>
<tr><td colspan="2">▷ palm → 손바닥 / calm → 차분한, 달래다 / charm → 매력, 부적, 사로잡다 / alarm → 경보, 놀라게 하다</td></tr>
<tr><td rowspan="2">8</td><td>Place a small ordinary object in his palm.</td><td>자그마한 보통의(일반적으로 흔한) 물체를 그의 손에 놓아라.</td></tr>
<tr><td colspan="2">▷ place → 놓다(= lay), 장소 / misplace → (틀린 곳에) 잘못 놓다 / displace → 대체하다, 떠나게 하다</td></tr>
<tr><td>9</td><td>a ring, an eraser, anything will do</td><td>반지, 지우개, 무엇이든지 다 된다(다 충분히 가능하다)</td></tr>
<tr><td rowspan="2">10</td><td>ask him to identify it without moving any part of his hand</td><td>그(친구)에게 자신의 손의 어떤 부분도 움직이지 않고 그것의 정체를 식별(확인)해 달라고 요청하다</td></tr>
<tr><td colspan="2">▷ identify → 식별(확인)하다 / identify with A → A와 동질감·일체감을 느끼다(= empathize with A)
identification → 식별(확인), 신분증, 일체감(공감 = association, empathy) / identity → 정체성</td></tr>
<tr><td rowspan="2">11</td><td>he won't have a clue other than ~</td><td>~외에는 단서(실마리)를 갖고 있지 않을 것이다</td></tr>
<tr><td colspan="2">▷ clue → 단서, 이해 / clueless → 전혀 모르는(= ignorant) / cue → 신호(를 주다) / glue → 풀(로 붙이다)
▷ other than A → A 외에는(A말고는 = except for A, except A, but A)</td></tr>
<tr><td>12</td><td>weight and maybe overall size</td><td>무게와 아마도 전체적인(전반적인) 크기</td></tr>
<tr><td>13</td><td>keep his eyes closed and move his fingers over the object</td><td>그의 눈이 감긴 채로 있게 유지하고 손가락들을 물체 위에서 (스치듯 만져 보며) 움직이다</td></tr>
<tr><td rowspan="2">14</td><td>will most likely identify it at once</td><td>아마 분명히 즉시 그것의 정체를 식별(확인)할 것이다</td></tr>
<tr><td colspan="2">▷ at once → 즉시(= immediately), 동시에(= simultaneously, concurrently)</td></tr>
<tr><td rowspan="2">15</td><td>by allowing the fingers to move</td><td>손가락들이 움직일 수 있도록 해 줌으로써</td></tr>
<tr><td colspan="2">▷ put one's finger on A → (문제의 원인 등과 관련해) 정확히 A를 지목하다(= identify A, pin down A)</td></tr>
<tr><td rowspan="2">16</td><td>you've added time to the sensory perception of touch</td><td>당신은 시간을 촉각의 감각적 인식(인지)에 추가했다</td></tr>
<tr><td colspan="2">▷ add A to B → A를 B에 더하다 / add to A: A가 추가되게 해 주다 / add up to A: A(특정 결과)에 이르다
▷ sensory → 감각적인 / sensitive → 예민한, 민감한 / sensible → 합리적인(분별력 있는 = reasonable)</td></tr>
<tr><td rowspan="2">17</td><td>direct analogy between A and B</td><td>A와 B 사이의 직접적 유사점</td></tr>
<tr><td colspan="2">▷ analogy → 유사, 비유, 논리적 유추 / analogue → 유사한 물건(요소) / analogous → 유사한, 비슷한</td></tr>
<tr><td>18</td><td>at the center of your retina</td><td>당신의 망막의 중심에</td></tr>
<tr><td>19</td><td>fingertip / fingerprint / tiptoe</td><td>손가락 끝 / 지문 / 발끝으로 서거나 걷다, 발끝으로</td></tr>
</table>

상점 물건 등을 둘러보다 br___

A를 떠올려 주다 call A to m___

편견, 편견을 갖게 하다 pr___

browse [brauz]

call(bring) A to mind

prejudice [prédʒədəs] = bias

24

20

▶ 사물을 받아주는 ', ~ of which' 및 사람을 받아주는 ', ~ of whom' 패턴의 예

There' s a direct analogy between **the fovea at the center of your retina** and **your fingertips**, both of [**which** / ~~them~~] have high acuity.

당신의 망막 중심에 있는 망막의 중심와와 **당신의 손가락 끝** 사이의 직접적인 유사점이 있는데, **그 둘 모두는** 상당한 정확성을 갖고 있다.

→ ', ~ of which' 및 ', ~ of whom'처럼 관계사가 들어가야 할 자리에 them 같은 대명사를 쓸 수 없다.

→ …, one of whom[which] ~ → …인데, 그들 중 한 명은[그것들 중 한 개는] ~이다

…, both of whom[which] ~ → …인데, 그 두 명 모두는[그 두 개 모두는] …이다

…, most of whom[which] ~ → …인데, 그들의 대부분은[그것들의 대부분은] ~이다

…, none of whom[which] ~ → …인데, 그들 중 단 한 명도[그것들 중 단 한 개도] ~이 아니다

21	**high acuity / high resolution**	상당한 정확함(예리함) / 고해상도

▷ acute → 예리한(= shrewd, keen), 중대한(= critical), 통증 등이 갑자기 격렬한(↔ chronic<만성의>)

22	**make complex use of touch**	복잡한 촉각을 사용하다

▷ in touch (with A) → A와 계속 연락하는 / out of touch (with A) → A와 연락이 끊긴 = lose touch (with A)

23	**button a shirt**	셔츠 단추를 채우다 ↔ unbutton a shirt(단추를 끄르다)
24	**unlock a front door**	(잠긴) 앞 문을 열다 ↔ lock a front door(문을 잠그다)

25

▶ 주어와 동사가 멀리 떨어져 있어 동사 파악이 혼동되는 예 3

Your ability to make complex use of touch, such as buttoning your shirt or unlocking your front door in the dark, [~~depending~~ / **depends**] **on** continuous time-varying patterns of touch sensation.

당신의 셔츠 단추를 채우거나 어둠 속에서 잠긴 앞 문을 여는 것과 같은 복잡한 촉각을 사용할 수 있는 **능력은** 시간적으로 다양하게 변하는 끊임없는 촉감의 패턴**에 의존한다**.

→ 단수 주어를 잇는 단수 동사(depends)가 와야 한다. 'depending'은 분사 및 동명사로, 동사 기능을 못 한다.

26	**depend on continuous time-varying patterns of touch sensation**	시간적으로 다양하게 변화는 끊임없는 촉감의 패턴에 의존하다

▷ depend on A → A에 의존·의지하다(= rely on<upon> A)

▷ time-varying → 시간적으로 다양하게 변하는 / stand the test of time → 오랜 세월 동안 인정받다

▷ sensation → 감각, 느낌, 엄청난 관심(반응) / sensational → 엄청난 관심과 반응을 불러일으키는

27	**Touch and Movement: Two Major Elements of Humanity**	촉감과 동작: 인류의 중요한 두 가지 요소들

28

078 v 089

▶ 'do, does, did + 동사원형'으로 동사를 강조하는 패턴의 예

Notwithstanding the age gap, we are convinced that we **do complement(> complement)** each other.

나이 차이에도 불구하고, 우리는 서로를 **정말 완벽히 보완한다**고 확신하고 있다.

Now that you mention that every vote **does count(> counts)**, I believe you will turn up to vote.

모든 표가 **정말 중요하다**고 당신이 언급하고 있으므로, 나는 당신이 투표하러 나올 것이라고 믿는다.

The physician is to blame for the tragedy in that he **did prescribe(> prescribed)** the sleeping pills.

그 내과의사가 그 수면제를 **정말 처방했다**는 점에서 그는 이 비극적 사건에 대해 비난을 받을 만하다.

29	**Time Does Matter: A Hidden Essence of Touch**	시간은 정말 중요하다: 만지는 것(촉감)의 숨겨진 본질

▷ essence → 본질 / essential → 근본(필수)적인(= vital, indispensable) / in essence → 근본적으로

24	30	**How to Use the Five Senses in a Timely Manner**	시간상 딱 알맞게(때맞춰서 딱 맞게) 오감(시각, 청각, 후각, 미각, 촉각)을 사용하는 방법
		▷ manner → 방식(= way), 태도(= behavior, bearing, demeanor) / manners → 예절(= etiquette)	
	31	**The Role of Touch in Forming the Concept of Time**	시간의 개념을 형성하는 데 있어서 촉각의 역할
		▷ form → 형태(= shape), 유형(= type), 형성하다(만들다 = make, create, create), 형성되다	
	32 090 v 094	▶ 'in ~ing' → ~할 때, ~하는 동안, ~하는 데 있어서 The role of touch **in forming** the concept of time 시간의 개념을 **형성할 때(하는 데 있어서)** 촉각의 역할 She encountered a number of obstacles **in striving** to assimilate to the conservative culture. 그녀는 그 보수적인 문화에 적응하려고(동화되려고) **힘써 노력하는 동안** 몇몇 장애물들과 마주쳤다.	
	33	**The Surprising Function of Touch as a Booster of Knowledge**	지식의 강화제(활성제)로서 촉각의 놀라운 기능
		▷ function → 기능(하다), 역할을 하다 / functional → 기능적인 / dysfunction → 기능 장애, 역할 실패 ▷ boost → 강화하다, 향상시키다(= improve, raise, increase, enhance) / booster → 강화제, 활성제	
25	1	**online shares of retail sales**	소매 판매의 온라인 점유율
		▷ retail → 소매(의) / retailer → 소매업자 / wholesale → 도매, 도매의 / wholesaler → 도매업자 ▷ on sale → 세일(할인) 중인 / for sale → 구매 가능한, 팔기 위해 내놓은	
	2	**refer to the percentage of retail sales conducted online**	온라인에서 실행된 소매 판매의 퍼센트를 나타내다
		▷ conduct → 수행·실행하다(= carry out, implement), 지휘하다, 행위 / misconduct → 잘못된 행위	
	3	**in a given country**	특정한(= specified, specific, particular) 국가에서
	4	▶ 앞에 나온 명사를 단수로 받아주는 that, 복수로 받아주는 those 2 For each country, its online share of retail sales in 2019 was larger than **that** in 2012. 각각의 국가에게 있어서, 2019년의 각국의 온라인 소매판매의 점유율은 2012년의 **그것(점유율)**보다 컸다.	
	5	**the UK owned the largest share**	영국이 가장 큰 점유율을 차지했다
	6	**…, whereas the reverse was true in 2019**	…였는데, 반면에 2019년에는 (…와는) 반대였다
		▷ reverse → 반대(= contrary), 반대로 바꾸다 / reversal → 반전, 후퇴 / verse → 운문(↔ prose<산문>)	
	7	**in the case of Spain and Italy**	스페인과 이탈리아의 경우에
26	1	**influential economist**	영향력 있는 경제학자
	2	**obtain a Ph.D.**	박사학위를 획득하다
		▷ bachelor's degree → (4년제 대학) 학사 학위 / master's degree → (대학원 석사) 석사 학위 Ph.D. → 박사학위(= doctorate, doctoral degree)	
	3	**spend most of his career at ~**	그의 경력(직업)의 대부분을 ~에서 보내다

질질 끌다(끌려가다) dr___

A를 착수하다 set A in m___

자살 su___

26	4	receive the Nobel Prize	노벨상을 받다
	5	be known as the author of ~	~의 저자로 알려져 있다
		▷ author → 저자(작가), 처음으로 만들어낸 창시자(= creator), 쓰다(= write) / authorize → 허가하다	
	6	▶ 콤마 뒤에서 동격 **명사** 덩어리가 **앞에 언급된 명사 및 상황**을 이어서 추가로 설명하는 예 3 He is the author of **the book Risk, Uncertainty and Profit**, **a study** of the role of the entrepreneur. 그는 **'Risk, Uncertainty and Profit'이라는 책**의 저자인데, 이는 기업가의 역할에 대한 **연구**이다.	
	7	the role of the entrepreneur in economic life	경제적인 면에서의 삶에서 도전적인 기업가의 역할
		▷ entrepreneur → 도전적 기업가 / entrepreneurship → 기업가 정신 / entrepreneurial → 기업가적인 ▷ economy → 경제학 / economist → 경제학자 / economics → 경제학, 금전적(경제적) 측면 economic → 경제의, 경제적인 면에서의 / economical → 소비 등을 최소로 줄이거나 절약해 효율적인	
	8	a brief introduction to economics entitled The Economic Organization	The Economic Organization으로 제목이 붙여진 경제학에 대한 간략한 입문(경제학 개론)
		▷ brief → 간략한(= concise), 브리핑하다 / grief → 큰 슬픔 / chief → 주요한, 우두머리 / mischief → 장난 ▷ entitle → 제목을 붙이다, 권리를 주다 / be entitled to A → A에 대한 권리가 주어지다	
	9	…, which became ~	…인데, 그것은 ~이 됐다
	10	classic of microeconomic theory	미시경제 이론의 대표 명작
		▷ classic → 전형적인(대표적인, 대중적인), 대표 명작 / classical → 고전의, 전통적인(= traditional) ▷ microeconomic → (개인과 기업 등 개별 경제와 관련된) 미시경제적 / microeconomics → 미시경제학 macroeconomic → (국가 등 큰 규모의 경제와 관련된) 거시경제적 / macroeconomics → 거시경제학	
	11	much more than an economist	(단순한) 경제학자보다 훨씬 대단한 존재인
	12	social philosopher	사회 철학자
		▷ philosophy → 철학 / philosophical → 철학적인 / philosopher → 철학자	
	13	later in his career	그의 경력(직업)의 후반부에
	14	develop his theories of freedom, democracy, and ethics	자유, 민주주의, 그리고 윤리학의 이론들을 체계적으로 형성하다
		▷ freedom → 자유(= liberation, liberty ↔ restriction<제한>, restraint<억제, 제한>) ▷ democratic → 민주주의적인 / democracy → 민주주의 / democratize → 민주주의적으로 변화시키다 ▷ ethic → 도덕적 행동 규범, 윤리 / ethics → 윤리학 / ethical → 윤리적인(= moral)	
	15	retire / retirement / retiree	은퇴하다 / 은퇴 / 은퇴자
	16	remain active / inactive	활동적인 상태를 유지하다 / 활동적이지 않은(= idle)
27	1	Public Bike Sharing Service	공공 자전거 공유 서비스
	2	explore / exploration / explorer	탐험(탐구)하다 / 탐험(= expedition), 탐구 / 탐험가

drag [dræg]

set(put) A in motion

suicide [súːəsàid]

27	3	**eco-friendly way**	친환경적인 방식
	4	**rent / rental**	빌리다, 임대하다(빌려주다), 임대료 / 임대, 임대료
	5	**register anywhere via our app**	우리의 앱을 통해 어디서든 등록하다
		▷ register → 등록·가입하다(= enroll), 이해(인식)되다, 보여주다(= show) / registration → 등록, 가입 ▷ via → ~를 통해(~를 수단으로), ~를 경유해	
	6	**payment can be made only by ~**	오직 ~에 의해서 지불(결제)가 이뤄질 수 있다
	7	**per additional 30 minutes**	추가되는 30분마다(30분당)
	8	**scan / scan the QR code**	살피다(= examine), 훑어보다 / QR 코드를 스캔하다
		▷ code → 암호, 법규 / encode → 암호화하다 / decode → 암호를 해독하다	
	9	**helmets are not provided**	헬멧은 제공되지 않는다
	10	**Green Zone shown on the app**	앱에서 보여지는 Green Zone
	11	**complete the return / completion**	반납을 완료하다(끝마치다) / 완수(= fulfilment)
	12	**press / by pressing the OK button**	누르다, 압박하다 / OK 버튼을 누름으로써
		▷ pressure → 압력 / hard-pressed → 압박을 받는, 쪼들리는 / hard-earned → 힘겹게 번(쟁취한)	
28	1	**be tired of taking pictures**	사진을 찍은 것에 싫증나다(질리다)
	2 095 v 098	▶ 'with + A + 현재분사/과거분사'로 'A가 ~하는/~된 채로(상태에서)'를 나타내는 패턴의 예 With his legs **trembling**, he stared at me. 다리가 부들부들 떨리는 채로 그는 나를 응시했다 / 능동 With his legs **injured**, he crawled to her. 다리가 부상을 당한 채로 그는 그녀에게 기어갔다 / 수동 Are you tired of taking pictures with your camera **set** to "Auto"? 당신은 당신의 카메라가 "자동"으로 **설정된** 채로(상태에서) 사진을 찍은 것에 싫증이 나 있나? / 수동	
	3	**create professional-looking photos**	전문가의 작품처럼 보이는 사진을 만들어 내다
	4	**miss an opportunity / miss the mark**	기회를 놓치다 / 빗나가다, 의도한 결과를 내지 못하다
	5	**Tuition Fee: $50 (snacks provided)**	수강료: 50달러 (간식이 제공됨)
	6	**cover / topics to be covered**	다루거나 포함하다, 취재하다, 덮다, / 다뤄질 주제
	7	**equipment / equipment selection**	장비(기기 = apparatus) / 장비(기기) 선택
	8	**lighting technique / lightning**	조명 기법 / 번개(⇒ thunder<천둥>)
		▷ technique → 기법(기교) / technology → 기술 / technical → 기술적인 / technological → (과학) 기술의	
	9	**special effect / side effect**	특수 효과 / 부작용, 의외의 결과
	10	**class size is limited to eight**	클래스 규모가(강의 인원이) 여덟 명으로 제한되다
	11	**delay**	미루다, 늦추다 = postpone, procrastinate, hold(put) off
29	1	**regulation covering ~**	~를 다루는 규제(규칙)
		▷ regulate → 통제(규제)하다, 조절하다, 관리하다 = control, manage, supervise / regulation → 규제, 규칙	

동전, 표현을 만들어내다 co____

돌아가시다, 죽다 p____ away

살충제, 농약 pe____

coin [kɔin]

pass away

pesticide [péstəsàid]

29	2 099 v 106	▶ '명사 + 현재분사 ~'로 '~하는 …'을 뜻하며 능동 관계로 명사를 수식하는 형태의 예 1 Regulations **covering** scientific experiments on human subjects are strict. = Regulations **which cover** scientific experiments on human subjects are strict. Regulations **which are covering** scientific experiments on human subjects are strict. 인간 피실험자에 대한 과학적인 실험**을 다루는** 규제(규칙)은 엄격하다. → 이처럼 '명사 + 현재분사'는 '명사 + 주격 관계대명사 + 동사' 패턴으로 접근해도 좋다. These are the books **stimulating** readers to defy and disrupt contemporary stereotypes. 이 책들은 독자들에게 지금 이 시대의 고정관념들에 저항하고 방해해 보**도록 자극하는** 책들이다. He aspires to become a psychiatrist **respected** for his dedication to mental health care. 그는 정신건강 관리에 대한 헌신으로 **존경을 받는** 정신과의사가 되는 것을 열망한다. → 이처럼 명사와 관계가 수동 관계인 경우는 현재분사가 아니라 과거분사를 써야 한다.	
	3	**experiments on human subjects**	인간 피실험자에 대한 실험
		▷ subject → 피실험자, 작품 대상, 주제, 과목 / be subject to A → A를 겪을(당할) 가능성이 있다	
	4	**strict / district**	엄격한(= stern) / 구역(지역)
	5	**informed, written consent**	위험성 등 관련 정보가 전달된 서면으로 이뤄진 동의
		▷ consent → 동의(허락 = agreement, permission), 동의하다(허락하다 = agree, permit)	
	6	**experiment / experimenter**	실험, 실험하다(~ with, on) / 실험을 실시하는 실험자
	7	**submit A to B**	(검토 및 조사를 위해) A를 B에 제출하다
		▷ submit to A → 저항을 멈추고 A에 복종하다, A를 마지못해 받아들이다 / submission → 제출, 복종	
	8	**propose / proposed experiment**	제안·청혼하다(⇒ proposition<제안>) / 제안된 실험
	9	**thorough examination**	철저한 검토(조사)
		▷ thorough → 철저한(= rigorous, in-depth), 세심하고 정확한(= meticulous) ▷ examine → 자세히 검토하다(조사하다 = inspect, investigate) / examination → 자세한 검토(조사)	
	10	**by overseeing bodies**	감독 조직(단체)에 의한
		▷ oversee → 조직의 운영 등을 감독하다(= supervise) / overlook → 무시하고 넘어가다, 내려다보다	
	11	**scientists who experiment on themselves**	자신에(스스로에) 대해 실험을 하는 과학자들
	12	**functionally if not legally**	법적으로는 비록 아니더라도 기능적으로는
		▷ legal → 합법적인(= legitimate) / illegal → 불법의(= illegitimate, unlawful) / legalize → 합법화하다 ▷ if not + 형용사, 부사, 명사 ~ → 비록 ~은 아니더라도 / if at all → 설령 있다고 하더라도	
	13	**avoid the restrictions / unavoidable**	제한을 피하다 / 피할 수 없는(= inescapable, inevitable)
	14	**be associated with experimenting on other people**	다른 사람들에 대해 실험하는 것과 관련되다 = be related to experimenting on other people
		▷ associate → 연상·연결하다(= link) / be associated with A → A와 관련되다 / association → 관련, 협회	

29	15	▶ '명사 + 과거분사 ~'로 '~된(되는) …'을 뜻하며 수동 관계로 명사를 수식하는 패턴의 예 3 Scientists can avoid the restrictions **associated** with experimenting on other people. = Scientists can avoid the restrictions **(which are) associated** with experimenting on other people. 과학자들은 다른 사람들에게 실험을 하는 것과 **관련된** 제한들을 피할 수 있다.	
	16	**sidestep most of the ethical issues involved**	관련된 대부분의 윤리적 이슈들을 직접적으로 다루는 것을 피하다
		▷ sidestep → 옆으로 비켜 피하다, 직접적으로 다루는 것을 피하다 = avoid, evade, dodge	
	17	**presumably**	확실하진 않지만 아마 = probably, very likely
		▷ presume → 가정하다(추정하다 = assume, suppose) / presumption → 가정(추정 = assumption)	
	18	**nobody is more aware of A than B**	아무도 B보다 A를 더 잘 인식하지 못하다
		▷ be aware of A → A를 인식하다 / be unaware of A → A를 인식하지 못하다(= be ignorant of A)	
	19	**an experiment's potential hazard**	실험의 잠재적인 위험성
		▷ potential → 잠재적인, 잠재적 능력 / potentially → 잠재적으로 / potent → 강력하고 효과적인 ▷ hazardous → 위험한 / hazard → 위험성(= peril) / wizard → 마법사 / lizard → 도마뱀	
	20	**devise / device**	고안하다(= come up with) / 장치(= gadget), 수단
	21 107 v 111	▶ 단수 명사를 받아주는 it(its), 복수 명사를 받아주는 they(them, their) 1 Nobody is more aware of an experiment's potential hazards than the scientist who devised **it**. 그 누구도 특정한 실험의 잠재적인 위험성을 **그것**(그 실험)을 고안한 과학자보다 더 잘 인식하지 못한다. One obvious drawback is the danger involved; knowing that **it** exists does nothing to reduce **it**. 하나의 분명한 문제점(불리한 점)은 관련된 위험성인데, **그것**(그 위험성)이 존재한다는 점을 아는 것은 **그것**(그 위험성을) 줄이기 위한 아무런 역할도 못한다는 것이다. The consecutive brutal crimes have provoked outrage, but no one knows who committed **them**. 연속된 그 잔혹한 범죄들은 분노를 불러일으켰지만, **그것들**(그 범죄들)을 누가 저질렀는지는 아무도 모른다.	
	22	**nonetheless**	그럼에도 불구하고, 하지만 = however, nevertheless
	23	**remain deeply problematic**	상당히 문제가 많은 상태로 계속 남아 있다
	24 112 v 117	▶ 부사의 주요 기능 Experimenting on oneself remains [~~deep~~ / **deeply**] problematic. 스스로에 대한 실험은 계속 **상당히** 문제가 많은 상태로 남아 있다. → 형용사 및 분사 수식 At the altitude, clouds swirl in and the temperature plunges [~~unexpected~~ / **unexpectedly**] quickly. 그 고도에서는, 구름이 소용돌이치며 몰려오고 온도가 **예상치 못하게** 빨리 떨어진다. → 부사 수식 Some geologists classify volcanoes according to how [~~explosive~~ / **explosively**] they erupt. 어떤 지질학자들은 얼마나 **폭발력 있게** 분출하는지에 따라 화산들을 분류한다. → 동사 수식	
	25	**one obvious drawback is the danger involved**	한 가지 분명한 문제점(불리한 점)은 관련된 위험성이다
		▷ drawback → 문제점(불리한 점 = disadvantage, problem, downside) / feedback → 반응(의견)	
	26	21번 설명 참조	

29	27	**exist / existent / nonexistent**	존재하다 / 존재하는 / 존재하지 않는
	28 118 v 124	▶ 동명사 또는 to+v가 주어이면 연결되는 동사는 단수 동사 Misbehaving is one thing, but **being disciplined** for it by supervisors [~~are~~/ **is**] another. 잘못된 짓을 하는 것과 비교해 그것 때문에 관리자들에게 **벌을 받는 것은 완전히 다른 (더 심각한) 문제다**. **Knowing** that a danger exists [~~do~~/ **does**] nothing to reduce it. 위험성이 존재한다는 점을 **아는 것은** 그 위험성을 줄이기 위한 **아무런 역할도 못한다**. **To go on a vegetarian diet** [~~amount~~/ **amounts**] **to** refraining from eating even fish or poultry. **채식주의 다이어트를 하는 것은** 심지어 어류나 가금류를 먹는 것도 삼가는 것**과 같다**.	
	29	**reduce / reduction**	줄이다(= cut back<down> on, curtail) / 감소, 절감
	30	**a less obvious drawback is the limited range of data that the experiment can generate**	덜 분명한 문제점(불리한 점)은 그 실험이 만들어 낼 수 있는 수집 데이터의 제한된 범위이다
		▷ limited range → 제한된 범위 / within limits → 적절한 범위 내에서 / to the limit → 최대한으로 ▷ range → 범위(= span, scope), 거리(= distance), 산맥, 특정 범위에 걸쳐 있다, 특정 지역에서 살다 ▷ generate → 만들어 내다(생겨나게 하다 = give rise to, bring about) generation → 생성(= creation, production), 세대(시대) / generator → 발전기, 만들어내는 것	
	31	**human anatomy and physiology vary, in small but significant ways**	인간의 주요 장기 등 구성조직과 생존을 위해 기능하는 원리는 작지만 아주 의미 있게 달라진다
		▷ anatomy → 주요 장기 등 구성 조직, 해부 ▷ physiology → 생존을 위해 기능하는 원리, 생리학 / physiologist → 생리학자 ▷ vary → 달라지다, 변화시키다 / bury → 묻다 / ferry → 정기 여객선 ▷ significant → 주목할 만한, 의미 있는(중요한 = important, noteworthy, notable) significance → 주목을 받을 만한 중요성(= importance, noteworthiness), 의미(= meaning) insignificant → 중요하지 않은(= unimportant, of minor importance, trivial, trifling, negligible)	
	32	**according to gender, age, lifestyle, and other factors.**	성별, 연령, 라이프 스타일, 그리고 다른 요인들에 따라
		▷ factor → 요인(요소), …을 감안해서 포함시키다(~ in, ~ into) / tutor → 개인 과외(로 가르치다)	
	33	**experimental result**	실험상의 결과
	34	**be derived from a single subject**	단 하나의 실험 대상자로부터 비롯되다(생겨나다)
		▷ derive → 이끌어내거나 얻다 / be derived from A → A로부터 비롯되다(= stem<originate> from A)	
	35	▶ '명사 + 과거분사 ~'로 '~된(되는) …'을 뜻하며 수동 관계로 명사를 수식하는 패턴의 예 4 Experimental results **(which are) derived from** a single subject are, therefore, of limited value. 단 하나의 실험 대상자**로부터 생겨난** 실험상의 결과들은 그래서 제한된 가치만을 지닌다.	
	36	**of limited value / of no value**	제한된 가치만을 지닌 / 전혀 가치가 없는(= valueless)
		▷ valuable → 가치있는 / invaluable → 너무 가치있는(= priceless) / valueless → 가치 없는(= of no value)	
	37	**there is no way to know ~**	~을 알 수 있는 방법은 없다 = there is no knowing ~

문항	번호	내용	뜻
29	38 125 v 138	▶ that / what / whether(if)이 구별돼 쓰이는 형태의 예 She didn't know **that** the transparent liquid consists of dissolved salt and evaporates swiftly. 그 투명한 액체는 용해된 소금으로 구성돼 있고 빠르게 증발한다**는 것을** 그녀는 몰랐다. She didn't know **what** made him hesitate to modify the contents she had found ambiguous. **무엇이** 그로 하여금 그녀가 애매하다고 생각했던 내용을 수정하는 걸 주저하게 했는지를 그녀는 몰랐다. She didn't know **whether(if)** people could cope with the financial crisis looming on the horizon. 사람들이 점점 가까이 다가오고 있는 금융 위기에 과연 대처해낼 수 있**을지 (아닐지)** 그녀는 몰랐다. There is no way to know **whether(if)** the subject's responses are typical **or** atypical. 피실험자들의 반응이 전형적인**지 아니면** 전형적이지 않은**지** 알 수 있는 방법은 없다.	
	39	**subject's responses**	피실험자(실험 대상)의 반응
		▷ respond → 반응하다(= react) / response → 반응 / responsive → 반응이 빠른 / responsible → 책임지는	
	40	**typical or atypical of the response of humans as a group**	한 집단으로서 사람들의 반응의 전형적인 특징을 보여주는지 아니면 전형적이지 않은 특징을 보여주는지
		▷ typical → 전형적인(일반적인) / atypical → 전형적(일반적)이지 않은 / tropical → 열대의	
30	1 139 v 143	▶ 의문사 덩어리가 '~하는 것' 등의 의미로 명사절을 형성하는 예 1 In the autobiography, he reveals **why** he long nourished the hope of replicating their triumph. 자서전에서, 그는 그들의 대성공을 똑같이 따라해 보려는 희망을 **왜** 오랫동안 키워왔었**는지**를 드러내 준다. → 의문사 덩어리가 형성하는 명사절은 '누가, 무엇을, 언제, 어디서, 왜, 어떻게 ~는지' 등을 나타낸다. **How** the bandwagon effect occurs [~~are~~ / **is**] **demonstrated** by the history of measurements of the speed of light. 편승 효과가 **어떻게** 발생하**는지**는 빛의 속도 측정 역사에 의해 **증명돼 보여진다**. → 의문사 덩어리가 만드는 명사절이 주어로 올 땐, 단수로 기능하므로 동사도 단수 동사가 와야 한다.	
	2	**how the bandwagon effect occurs**	편승 효과가 어떻게 발생하는지(발생하는 방식 및 패턴)
		▷ bandwagon effect → 남들의 행동 및 스타일 등을 따라하려는 경향을 나타내는 편승 효과 ▷ occur → 발생하다(= come about), 존재하다 / occur to A → 생각이 A에게 떠오르다(= cross A's mind)	
	3	**be demonstrated by the history of measurements of ~**	~ 의 측정 역사에 의해 증명돼 보여지다
		▷ demonstrate → 증명해 보이다, 시범으로 보여주다, 시위하다(= protest) demonstration → 증명(= proof), 시범, 시위(= protest) / demonstrator → 시위자, 시범을 보이는 사람 ▷ measure → 측정하다, 목표 달성을 위한 수단(조치), 정도 / measurement → 측정 beyond measure → 측정이 힘들 정도로, 상당히 / measure up to A → A(목표 및 기대)를 충족하다	
	4	**speed of light / light year**	빛의 속도 / 천체와 천체의 거리를 나타내는 광년(光年)
	5	**basis of the theory of relativity**	상대성 이론의 기초(토대 = base, foundation)
	6	**one of the most frequently and carefully measured quantities**	가장 빈번하고 세심하게 측정된 수량들 중 하나
		▷ frequent → 빈번한, ~를 자주 가다 / frequently → 빈번하게, 자주 / frequency → 빈도, 주파수 ▷ quantity → 양, 수량 / quantify → 수치 및 양을 분석해 수량화하다	

훼손하다, 분해하다 deg____

실행되다 be put into p____

떨어뜨리는 수입 in____

degrade [digréid]

be put into practice

income [inkʌm]

30	7 144 v 147	▶ 분사가 명사 앞에서 명사를 수식하는 '현재분사(능동) + 명사' 및 '과거분사(수동) + 명사' 패턴 The company couldn't stay profitable due to the unpredictably **fluctuating fossil fuel prices**. 그 회사는 예측할 수 없게 **변동하는 화석연료 가격**으로 인해 이익을 내는 상태를 유지할 수 없었다. / 능동 It's one of the most frequently and carefully **measured quantities** in science. 그것은 과학에서 가장 빈번하고 세심하게 **측정된 수량들** 중 하나이다. / 수동	
	8	**as far as we know / go so far as to+v**	우리가 아는 바로는 / 심지어 ~할 정도까지 나아가다
	9	**speed hasn't changed over time**	오랜 기간 동안(장기간에 걸쳐) 속도는 변하지 않았다
	10	**all the experiments found speeds that were too high[low]**	모든 실험들은 너무 높은[낮은] 속도를 발견했다
	11	**the opposite happened**	반대(반대 상황)이 발생했다
	12	▶ '장소 명사(선행사)' 또는 '상황의 존재 및 발생을 나타내는 명사'를 수식·연결하는 where 1 This kind of error, **where** results are always on one side of the real value, is called "bias." = This kind of error, **in which** results are always on one side of the real value, is called "bias." 이런 종류의 오류는, **그 안에서** 결과들이 항상 실제 가치의 한쪽 측면에 있는데, "편견"이라고 불린다. → 'where'는 구체적 관련 정보가 담긴 덩어리를 이끌어 오고, in which 등으로 바꿀 수 있다.	
	13	**one side of the real value**	실제 가치의 한쪽 측면(한쪽으로 편향돼 왜곡된 측면)
	14	**this kind of error is called "bias"**	이런 종류의 오류는 "편견"이라고 불린다
		▷ bias → 편견(= prejudice), 편향된 시각을 갖게 하다 / biased → 편향된(= prejudiced, one-sided)	
	15	**it probably happened because ~**	그것은 ~ 때문에 아마 발생했을 것이다
	16	**subconsciously adjust the results**	무의식적으로(잠재의식적으로) 결과를 조절(조정)하다
		▷ adjust → 맞추다(조정하다, 적응하다 = adapt, assimilate, attune) / adjustment → 조절, 적응	
	17	▶ to+v가 '~하기 위해'를 의미하는 예 2 It probably happened because over time, experimenters subconsciously adjusted their results **to match(= in order to match = so as to match)** what they expected to find. 그것은 오랜 기간 동안 실험자들이 자신들이 찾고자 기대했던 것과 **일치시키기 위해** 결과를 무의식적으로 조절했기 때문에 아마 발생했을 것이다.	
	18	**match what they expected to find**	그들이 찾고자 기대했던 것과 일치시키다(~과 맞추다)
		▷ match → 일치시키다, 대결 / dispatch → 급히 보내다, 급파하다 / fetch → 가져오다, ~가격에 팔리다	
	19	**if a result fit what they expected, they kept it**	만약 결과가 그들이 기대했던 것과 딱 맞았다면, 그들은 그것을(그 결과를) 간직했다
	20	**if a result didn't fit, they threw it out**	만약 결과가 (그들이 기대했던 것과) 딱 맞지 않았다면, 그들은 그것을(그 결과를) 내버렸다(= dismissed it)
	21	**intentional / intentionally**	의도적인(= deliberate, intended) / 의도적으로
	22	**dishonest**	정직하지 않은 ↔ honest(정직한)
	23	**be influenced by A**	A에 의해 영향을 받다 = be affected(impacted) by A

30	24 148 v 152	▶ 주절에 이어 콤마 뒤에서 형성되는 분사 패턴의 예 1 They weren't being intentionally dishonest, just **influenced** by the conventional wisdom. 그들은 의도적으로 정직하지 않았던 것이 아닌데, 그저 관습적인 지혜(판단)에 의해 **영향을 받은** 것뿐이다. → 콤마 뒤 분사는 앞 주절의 중요한 의미에 이어 정보를 첨가해 설명하는 느낌을 준다. They swore to abide by the constraints, even [~~sacrifice~~ / **sacrificing**] their cherished freedoms. 그들은 그 제약들을 준수하겠다고 맹세했는데, 심지어 그들의 소중한 자유**를 희생하면서** 그렇게 했다. → 콤마 뒤에서 주절의 의미를 이어 형성되는 분사 자리에 일반동사 등 다른 동사 형태는 올 수 없다.	
	25	**conventional wisdom**	관행적인(관습적인 = customary, traditional) 지혜(판단)
		▷ convention → 관행(관습), 큰 회의 / unconventional → 관습에 얽매이지 않는	
	26	**the pattern only changed when ~**	그 패턴은 그저 ~했던 때에서야 비로소 바뀌었다
	27	**someone lacked the courage to report what was actually measured**	누군가 실제로 측정됐던 것을 보고할 용기가 부족했다
		▷ courage → 용기(= bravery, boldness, nerve) / courageous → 용감한(= brave) / carriage → 마차, 객차	
	28	**instead of what was expected**	예상(기대)됐던 것 대신에, 예상(기대)했던 것이 아니라
31	1	**classic model**	전형적인(대표적인, 대중적인) 모델(시스템, 방식)
	2	**Sumerian economy**	고대 메소포타미아 수메르의 경제
	3	**the temple functioned as ~**	절(사원)이 ~로서 기능했다
		▷ temple → 절(사원), 관자놀이 / ripple → 물결 / cripple → 장애·손상을 입히다 / scribble → 휘갈겨 쓰다	
	4	**administrative authority**	운영(관리, 행정)을 담당하는 책임 기관(책임 당국)
		▷ administer → 운영하다, 투약하다 / administration → 행정(운영), 정부 / administrator → 행정 담당자 ▷ authority → 권위, 책임 당국 / authoritarian → 독재적이며 권위적인 / authoritative → 권위를 지닌	
	5	**govern / government / governance**	통치(지배)하다, 운영(관리)하다 / 정부 / 통치·운영 방식
	6	▶ '명사 + 현재분사 ~'로 '~하는 …'을 뜻하며 능동 관계로 명사를 수식하는 형태의 예 2 The temple functioned as an administrative authority **governing** collection and redistribution. = The temple functioned as an administrative authority **that governed** collection and redistribution. 사원은 징수와 재분배를 **관리하는** 운영 담당 책임기관으로서 기능을 했다.	
	7	**commodity production**	거래되는 물건(상품 = item, article) 생산
	8	**collect / collection**	수집하다, 세금 등을 징수하다 / 물건 등의 수집, 징수
	9	**redistribute / redistribution**	재분배하다 / 재분배
	10	**discover / discovery**	발견하다 / 발견
	11	**administrative tablet**	관리(행정)용 점토판
	12	**temple complex**	여러 사원 건축물들이 모여 있는 곳
	13	**suggest that ~**	~라는 점을 나타내다(암시하다), ~해야 한다고 제안하다

썩다, 부패하다 dec____

A를 분해하다 take A a____

주기적으로 반복되는 peri____

문항	번호	표현	의미
31	14	**token use and consequently writing evolved as a tool of ~**	상징(징표)의 사용과 그 결과로 (생겨난) 새겨지거나 쓰여진 문자가 ~의 도구(수단)으로써 진화(발전)했다
		▷ token → 상징(징표 = symbol), 교환 가능한 바우처 및 쿠폰(= voucher, coupon) ▷ consequence → 결과(= result) / consequent → 결과로 일어나는(= resultant, resulting, ensuing) consequently → 그 결과(= in turn) / consequential → 중요한, 결과로 일어나는(= resulting, attendant) ▷ evolve → 발전하다, 진화하다 / evolution → 발전, 진화 / evolutionary → 발전의, 진화론적인	
	15	**centralized economic governance**	중앙으로 집중된 경제적 운영(통치, 지배) 체계
		▷ central → 중심의 / centralize → 집중시키다 / decentralize → 분산시키다 / eccentric → 기이한	
	16	**Given the lack of ~**	~의 부족을 고려했을 때 = Considering the want of ~
	17	**archaeological evidence from Uruk-period domestic sites**	Uruk(현재 이라크 부근의 고대 수메르 도시) 시대의 가정집이 있던 장소로부터 나온 고고학적인 증거
		▷ archaeology → 고고학 / archaeological → 고고학적인 / archaeologist → 고고학자 ▷ evidence → 증거(= proof) / evident → 분명한(= apparent, plain, obvious, overt) ▷ domestic → 가정의, (동물) 길러진, 국내의 / domesticate → (동물) 길들여 기르다(= tame)	
	18	**it is not clear whether individuals also used the system for ~**	개인들도 마찬가지로 ~을 위한 그 시스템을 사용했는지 아닌지는 분명하지 않다
		▷ individual → 개인, 개별적 존재, 개별적인 / individuality → 독특함(개성 = uniqueness, peculiarity)	
	19	**…. For that matter, it is not clear ~**	…은 물론이고 마찬가지로, ~도 분명하지 않다
		▷ for that matter → 앞에서 언급한 것은 물론이고 뒤에서 언급하는 것도 마찬가지로 ~이 아니다(부정문)	
	20	▶ 의문사 덩어리가 '~하는 것' 등의 의미로 명사절을 형성하는 예 2 For that matter, it is not clear **how** widespread literacy was at its beginnings. 마찬가지로, 초기 단계에 읽고 쓸 줄 하는 능력이 **얼마나** 넓게 확산됐**는지**도 분명하지 않다 → 의문사 덩어리가 형성하는 명사절은 '누가, 무엇을, 언제, 어디서, 왜, 어떻게 ~는지' 등을 나타낸다. → 여기서 it은 가짜 주어로, 의문사 덩어리 'how ~'는 진짜 주어로 기능을 한다.	
	21	**literate / literacy**	읽고 쓸 줄 아는 능력이 있는 / 읽고 쓸 줄 아는 능력
		▷ illiterate → 읽고 쓸 줄 아는 능력이 없는, 문맹인 / illiteracy → 문맹, 특정 분야에 대한 무지	
	22	**beginning / at its beginning**	시작(= onset, outset) / 시작(초기) 단계에
	23	**use of identifiable symbols and pictograms on the early tablets**	초기 점토판 위의 식별 가능한(확인 가능한) 상징들과 그림문자들의 사용
		▷ identifiable → 식별 가능한(확인 가능한) / unidentifiable → 식별 불가능한(확인 불가능한) ▷ pictogram → 그림문자 / pictorial → 그림의, 그림으로 표현한 / picturesque → 그림처럼 아름다운	
	24	**be consistent with A**	A와 일치하다 = be in agreement with A
		▷ consistent → 변치 않고 일관된, 일치하는 / consistently → 일관되게 / consistency → 일관성, 일치됨 inconsistent → 자꾸 변하는(= erratic, inconstant) / inconsistency → 일관성이 없는 것, 언행 등의 불일치	

decay [dikéi] = rot [rɔːt]

take A apart = dismantle

periodic [pìriádik]

31	25	▶ 동명사의 주어를 나타내는 용법 2 The use is consistent **with** administrators [~~need~~ / **needing**] a lexicon that was mutually intelligible. 그런 이용은 행정 담당자들이 상호간에 이해될 수 있는 어휘목록을 **필요로 했던 것**과 일치한다. → '전치사 + 동명사의 주어 + 동명사'에서 동명사 자리에 동사원형 등 다른 형태가 들어갈 수 없다.	
	26	**mutually intelligible**	서로(상호간에) 이해될 수 있는
		▷ mutual → 서로의(상호간의 = reciprocal, correlative, interactive) / mutuality → 상호 연결 및 공유 ▷ intelligible → 이해될 수 있는(= comprehensible) / unintelligible → 이해될 수 없는(= incomprehensible)	
	27	**literate and nonliterate parties**	읽고 쓸 줄 아는 능력이 있고 그럴 능력이 없는 사람들
		▷ nonliterate → 읽고 쓸 줄 아는 능력이 없는(무지한 = illiterate) ▷ party → 같은 무리의 사람들, 정당, 당사자, 파티 / third party → 이해관계가 있는 양측 외의 제삼자	
	28	▶ as가 '~하는 동안, ~할 때, ~함에 따라' 등 시간과 관련된 의미로 쓰이는 예 1 **As** cuneiform script became more abstract, literacy must have become increasingly important to ensure one understood what he or she had agreed to. 쐐기문자가 더욱 추상적으로 변해 **감에 따라**, 사람이 자신이 동의한 것을 이해했다는 점을 확실히 하기 위해 읽고 쓸 줄 아는 능력은 점점 더 중요해졌음이 틀림없다.	
	29	**cuneiform script became more abstract**	쐐기문자가 더욱 추상적으로 변해 갔다
		▷ script → 영화·연극 등의 대본, 상형문자 등 특정 형태의 문자 ▷ abstract → 구체적인 것이 아니라 추상적인(↔ concrete<구체적인>), 요약(발췌 = summary), 요약하다	
	30	**literacy must have become increasingly important**	읽고 쓸 줄 아는 능력은 점점 더 중요해졌음이 틀림없다
		▷ must have + 과거분사 → ~했음이 틀림없다 / cannot have + 과거분사 → ~했을 리가 없다 ▷ increasingly → 점점 더	
	31	**ensure ~ / reassure**	~를 확실히 하다(= assure, make sure) / 안심시키다
	32 153 v 158	▶ '일반적인 사람'의 의미로 쓰이는 'one' In the face of such indecent and blunt remarks, **one** may well feel offended or humiliated. 그런 예의 없고 무뚝뚝한 발언에 맞닥뜨릴 때, **사람이** 감정이 상하거나 모욕을 느끼는 것은 당연하다. Literacy became important to ensure **one** understood what he or she had agreed to. 읽고 쓸 줄 아는 능력은 **사람이** 자신이 동의한 것을 이해했다는 점을 확실히 하기 위해 중요해졌다.	
	33	**what he or she had agreed to**	그 또는 그녀가 동의했던 것
		▷ agree to A → A에 동의하다 / agreeable → 동의하는, 받아들일 만한 / disagreeable → 불쾌한	
	34	**religion / religious / religious event**	종교 / 종교적인 / 종교적인 행사
	35	**personal agreement**	개인적인 동의(합의)
	36	**communal responsibility**	공동체의 생활과 관련된 책임
	37	**historical records**	역사의 기록
	38	**power shift / day[night] shift**	권력 이동 / 낮[밤] 교대 근무

번역(해석)하다 **tra___**

빼앗다, 훔치다 **r___**

썩은, 부패한, 불쾌한 **ro___**

32	1	choosing similar friends	비슷한 친구들을 고르는 것
	2	rationale / ration	논리적 바탕(이유 = logic, reason) / 배급(하다)
	3	assessing the survivability of an environment can be risky	환경의 생존 가능성을 평가하는 것은 위험할 수 있다
		▷ assess → 평가하다(= evaluate, appraise) / assessment → 평가(= evaluation, appraisal) ▷ survive → 생존하다 / survival → 생존 / survivability → 생존 가능성 / survivor → 생존자 ▷ risk → 위험 / risky → 위험한(= dangerous, hazardous, perilous) / take a risk → 위험을 감수하다	
	4	turn out to be ~	결국 ~가 되다, 결국 ~로 밝혀지다
	5	deadly / deadlock	치명적인(= fatal, lethal) / 합의가 되지 않는 교착 상태
	6	instance / for instance / instant	사례(경우) / 예를 들어(= for example, e.g.) / 즉각적인
	7	it might be too late	(상황 및 상황 대처 등이) 너무 늦을 수 있다
	8	by the time you found out	네가 알아냈을 때쯤
	9	evolve the desire	강한 열망을 진화(발달)시키다
	10 159 v 166	▶ '명사 + to+v' 패턴으로 to+v가 명사를 수식하는 예 They admired his undaunted determination **to root out** corruption and **(to) combat** antisocial deeds. 그들은 부패**를 뿌리뽑고** 반사회적 행동**과 맞서 싸우고자 했던** 그의 위축되지 않은 결단력에 찬사를 보냈다. Humans have evolved the desire **to associate with** similar individuals as a way **to perform** this function efficiently. 인간들은 효율적으로 이러한 기능을 **수행하기 위한** 방법으로 비슷한 사람들**과 함께 어울려 지내고자 하는** 강한 열망을 진화시켜 왔다.	
	11	associate with similar individuals	비슷한 개개인들(사람들)과 함께 어울려 지내다
	12	as a way to perform this function efficiently	효율적으로 이러한 기능을 수행하기(해내기) 위한 방법(수단)으로써
		▷ efficient → 최소 노력으로 최고 결과를 내는(효율적인) / efficiently → 효율적으로 / efficiency → 효율성	
	13	this is useful to a species	이것은 한(특정한) 종에게 유용하다(= of use)
	14 167 v 170	▶ '명사(선행사) + 주격 관계대명사 + 동사~' 패턴의 특징 This is especially useful to a species **that lives** in so many different sorts of environments. = This is especially useful to a species **living** in so many different sorts of environments. 이것은 많은 다양한 종류의 환경에서 사는 종에게 특히 유용하다. → 이처럼 '명사 + 주격 관계대명사 + 동사'는 '명사 + 분사'로 바꿀 수 있다. A woman **(who was) overhearing** what he was murmuring burst out laughing all of a sudden. 그가 작은 소리로 중얼거리고 있던 것을 엿듣고 있었던 한 여자가 갑자기 웃음을 터트렸다.	
	15	different sorts of environments	다른(다양한) 종류(= kinds)의 환경들
	16	carrying capacity	수용 능력, 탑재(적재) 능력
		▷ capacity → 수용 능력, 감당할 능력(= ability), 최대 생산(운용) 능력 / incapacity → 능력 부족(결핍)	

translate [trænsléit]

rob [rɑ:b]

rotten [rɑ:tn] = decayed

	No.		
	17	**a given environment**	특정한 환경 = particular(specific) setting
	18	**if resources are very limited**	만약 자원이 아주 제한돼 있다면
	19	**the individuals who live in a particular place**	특정한 장소에서 사는 개인들(개별적 존재들)
	20 171 v 177	▶ '부분 부정'을 나타내는 패턴의 예 The individuals who live in a particular place **cannot all** do the exact same thing. 특정한 장소에서 사는 개인들(개별적 존재들)은 정확히 같은 것을 **모두가 다** 할 **순 없다**. The director was **not always** able to withstand all the personal attacks that popped up online. 그 감독은 온라인에서 불쑥 나타나는 모든 인신공격들을 **항상** 참아낼 수 있는 **것은 아니었다**. With regard to aesthetic appreciation, what captivates you does **not necessarily** intrigue others. 미적인 평가와 관련해, 당신을 사로잡는 것이 **필연적으로(반드시)** 다른 사람의 호기심을 끄**는 것은 아니다**.	
	21	**do the exact same thing**	정확히 같은 것을 하다
	22	**if there are few trees, people cannot all live in tree houses**	나무가 거의 없다면, 사람들이 모두가 다 나무 집에서 살 수 있는 것은 아니다 → 부분 부정
	23	**in short supply / in high demand**	공급이 부족한 / 수요가 상당한
32	24	**people cannot all live solely on a diet of mangoes**	사람들은 모두가 다 오로지 망고로 구성된 식사만을 주로 먹고 살 순 없다 → 부분 부정
		▷ live on A → A를 주로 먹고 살다(= feed on A) / live up to A → A에 부응하다(= meet<satisfy> A) live out A → A(꿈, 소망)를 현실에서 이루다 / live off A → A로부터 (금전적) 도움을 받아 살아 가다 ▷ sole → 유일한(= only), 신발 밑창 / solely → 오직(오로지 = only, exclusively, merely, just, simply) ▷ diet → 보통 섭취하는 식사(식단), 체중 조절 등을 위한 식이요법 / dietary → 식사의, 식이요법의	
	25	**rational strategy**	이성적인(합리적인 = reasonable, sensible) 전략(방법)
		▷ strategy → 전략(방법, 치밀한 계획 = scheme) / strategic → 전략적인 / strategist → 전략가	
	26 178 v 182	▶ 'be동사 뒤에 보어 등의 기능으로 연결되는 to+v 패턴 2 The next phase should be **to make** them undergo a radical transformation and reorganization. = The next phase should be **making** them undergo a radical transformation and reorganization. 그 다음 단계는 그들이 급진적인 변화와 조직개편을 겪도록(경험하도록) **만드는 것**이어야 한다. → 이처럼 be동사 뒤에서 '~것'을 뜻하려면 동사형태는 to+v 또는 동명사가 가능하다. A rational strategy would sometimes be [~~avoided~~ / **to avoid**] similar members of one's species. 이성적인 전략은 가끔씩 자신의 종과 유사한 구성원들을 **피하는 것**이다.	
	27	**avoid similar members of one's species**	자신의 종과 유사한 구성원들을 피하다
	28	**exceed the expected demands of a community**	한 공동체에서 예상되는 필요 요구사항들을 초과하다
		▷ exceed → 초과·능가하다(= surpass, outdo, outstrip) / excess → 초과, 과도함 / excessive → 과도한	
	29	**be decreased by ~**	~ 에 의해 감소되다

집어삼키다, 제비 sw___

외교적인, 세심하고 정중한 di___

불쾌한, 상스러운, 파울 fo___

32	30	**diverse means of survival**	생존의 다양한 수단들(방법들)
		▷ diverse → 다양한(= various) / diversity → 다양성(= variety) / diversify → 다양하게 변화시키다 ▷ means → 수단(= vehicle), 재산(= wealth) / meaning → 의미 / mean → 의미하다, 잔인하고 못된	
	31	**place a limit on this strategy**	이러한 전략에 제한을 두다(= put a limit on ~)
	32	**make the world suitable for individuals**	세상을 개인들(개별적인 존재들)에 적합하도록 만들다
		▷ suitable → 적합한 / be suitable for A → A에 적합하다(= lend oneself to A) / unsuitable → 적합하지 않은	
	33	**prevent social ties to dissimilar members**	서로 다른 구성원들과 이어지는 사회적 유대 관계를 막다
		▷ prevent → 못하게 막다(= stop, curb, bar, deter) / prevention → 예방(방지) / preventive → 예방하는 ▷ tie → 묶다(매다 = fasten), 동점으로 만들다, 매듭, 유대 관계(= bond), 동점(= draw) / untie → 풀다 ▷ similar → 유사한 / similarity → 유사성 / dissimilar → 다른(= different) / dissimilarity → 다름	
33	1	**thanks to A**	A 덕분에
	2	**newly developed / fully developed**	새롭게 개발된 / 완전히 발달된
	3	**neuroimaging technology**	뇌영상 기술
	4	**have access to A**	A에 접근하다, A를 얻다, A를 사용하다
	5	**specific brain changes that occur during learning**	학습을 하는 동안 발생하는 특정한 뇌의 변화
	6	**even though all of our brains contain the same basic structures**	비록 우리의 모든 뇌들은 동일한 기본적 구조를 갖고(포함하고) 있지만
		▷ contain → 포함하다, 억제하다(= curb, restrain, keep<hold> ~ in check) / containment → 억제 ▷ structure → 구조(구성 = make-up), 구성하다(형성하다 = arrange, organize) / structural → 구조적인	
	7	**our neural networks are as unique as our fingerprints**	우리의 신경망은 우리의 지문만큼 독특하다
		▷ neural → 신경의 / neuron → 뉴론(신경세포 = nerve cell) / neuroscience → 신경과학 neurology → 신경계를 다루는 신경학 / neurological → 신경계의 / neurologist → 신경과 의사	
	8	**the latest developmental neuro-science research has shown that ~**	최신 발달 신경과학 연구는 ~라는 것을 보여 줬다
		▷ the latest → 최신의 / the last → 마지막의 / the latter → 후자(↔ the former<전자>) / late → 고인이 된	
	9	**the brain is much more malleable throughout life**	삶 전체에 걸쳐 뇌는 훨씬 순응성이 있다(유연하게 잘 변화한다 = flexible)
	10	**previous / than previously assumed**	이전의(= past, prior) / 이전에 예상(추정)됐던 것보다
		▷ assume → 추정(가정)하다, 특정 역할을 떠맡다, 특성을 띠다 / assumption → 추정(가정), 역할 맡기	

swallow [swάlou]

diplomatic [dìpləmǽtik]

foul [faul]

33	11 183 v 189	▶ 'than + 과거분사' 패턴의 예 They put off the voyage because the tides along the coast were stronger **than expected**. 그 해안을 따라 발생하는 조수는(밀물과 썰물은) **예상됐던 것보다** 더 강해 그들은 항해를 연기했다. Those infected by the virus had milder symptoms and recovered sooner **than previously reported**. 그 바이러스에 감염된 사람들은 **전에 보고됐던 것보다** 더 가벼운 증상을 보였고 더 빨리 회복했다.	
	12	**it develops in response to A**	그것은 A에 반응해 발달한다
	13	▶ 동일한 전치사로 동일한 패턴을 이어가는 예 2 It develops **in response to** its own processes, **to** its immediate and distant "environments," and **to** its past and current situations. 그것은 스스로의 처리 과정**에**, 바로 가깝고 먼 환경**에**, 그리고 과거와 현재의 상황**에 반응해** 발달한다.	
	14	**process**	과정(절차 = procedure), 처리하다(다루다 = deal with)
	15	**immediate**	(시간적으로 및 공간적으로) 바로 가까운, 즉각적인
	16	**distant / distance / stance**	(시공간적으로) 멀리 떨어진 / 거리 / 자세, 관점(입장)
	17	**past and current situation**	과거와 현재의 상황
		▷ current → 현재의, 강 등의 흐름, 전류 / currently → 현재, 지금 시점에서 / currency → 화폐	
	18	**the brain seeks to create meaning**	뇌는 의미를 형성하려고 시도한다
		▷ seek → 찾으려고 시도·추구하다(> seek – sought – sought) / seek to+v → ~하려고 시도하다	
	19	**through establishing or refining existing neural networks**	이미 존재하고 있는 신경망을 형성하거나 더 세밀하게 개선하는 것을 통해
		▷ establish → 형성하다, 설립하다, 입지를 굳히다 / establishment → 형성, 설립, 시설 ▷ refine → 더 세밀하게 개선하다(향상시키다 = improve), 불순물을 없애다(정제하다 = purify)	
	20	**neurons communicate to form networks of connected information**	서로 연결된 정보의 연결망(신경망)을 형성하기 위해 신경세포들은 서로 소통을 한다
	21	**using this knowledge or skill results in structural changes**	이런 지식이나 기술을 사용하는 것은 구조적인 변화를 유발한다(가져온다)
		▷ result in A → 결국 A를 유발하다(결과로 A를 가져오다(= cause A, lead to A, translate into A) result from A → A로부터 발생하다(A로부터 유발되다 = be caused by A, be triggered by A)	
	22	▶ to+v의 다양한 의미와 기능들이 포함된 패턴의 예 When we learn a new fact or skill, our neurons communicate **to form** networks of connected information. Using this knowledge or skill results in structural changes **to allow** similar future impulses **to travel** more quickly and efficiently than others. 우리가 새로운 사실이나 기술을 배울 때, 서로 연결된 정보의 연결망(신경망)**을 형성하기 위해** 우리의 신경세포들은 소통한다. 이런 지식이나 기술을 사용하는 것은 유사한 미래의 충동(자극)이 다른 자극보다 더 빠르고 더 효율적으로 **이동할 수 있게 하기 위해(~게 하는)** 구조적인 변화를 유발한다. → 'to form'은 'in order to form(so as to form)'으로 바꿀 수 있다. 'to allow'는 '~하기 위해'를 나타낼 수 있고, 'structural changes'를 수식하면서 '~하게 하는'을 의미할 수도 있다. 'to travel'은 'allow + A + to+v' 패턴으로, 'A가 ~할 수 있게 하다(~할 수 있게 허용하다)'를 의미한다.	

사건 등을 이야기하다 na____

A를 돋보이게 하다 set A a____

유명 인사, 명성 ce____

33	23	allow similar future impulses to travel more quickly and efficiently	유사한 미래의 충동(자극)이 더 빠르고 더 효율적으로 이동할 수 있게 한다
		▷ impulse → 충동(= urge, compulsion) / impulsive → 충동적인(= spontaneous) / pulse → 맥박	
	24	high-activity synaptic connections are stabilized and strengthened	높은 활동성을 지닌 신경 세포들이 이어진 연접부의 연결은 안정되고 강화된다
		▷ stabilize → (변동이 거의 없도록) 안정시키다, 안정되다 / stable → 안정된 / stability → 안정, 안정성 ▷ strengthen → 강화하다(= reinforce, build up), 강해지다 / strength → 저력, 힘	
	25	connections with relatively low use are weakened and eventually pruned	상대적으로 낮은 빈도로 사용된 연결은 약화되고 결국엔 잘리게 된다
		▷ relatively → 상대적으로, 비교적 / relative → 상대적인(= comparative), 친척 / narrative → 이야기(의) ▷ weaken → 약화시키다, 약해지다 / weak → 약한 ▷ eventual → 최종적인(= ultimate, final) / eventually → 결국엔(=at last, in the end, sooner or later)	
	26	be sculpted by our own history of experiences	우리 스스로가 겪은 경험의 이력(과거의 경험)에 의해 만들어지다
		▷ sculpt → 조각하다, 만들어내다 / sculpture → 조각 / sculptor → 조각가	
	27	be designed to maintain their initial structures	초반의(초기의) 그들의(뇌의) 구조를 유지하도록 계획이 되다(고안이 되다, 만들어지다)
		▷ maintain → 유지하다, 잘 관리하다, 강하게 주장하다(= assert) / maintenance → 유지, 관리	
	28	be geared toward strengthening recent memories	최근의 기억들을 강화하는 쪽으로 맞춰지다
		▷ be geared toward A → A쪽으로 맞춰지다 / gear → 장비, 기어 / rear → 기르다, 뒤의 / fear → 공포	
	29	be twinned with the development of other organs	다른 장기들(기관들)의 발달과 함께 결합되다
		▷ twin → 쌍둥이 / be twinned with A → A와 함께 결합되다(= be combined<linked> with A) ▷ organ → 신체 장기 / organ transplant → 장기 이식 / kidney → 콩팥 / lungs → 폐 / liver → 간	
	30	be portrayed as the seat of logical and creative thinking	논리적이고 독창적인 생각의 중심으로 묘사되다
		▷ portray → 묘사하다(= describe, depict, characterize) / portrayal → 묘사 / portrait → 초상화 be portrayed as A → A로 묘사되다(= be described<depicted> as A) ▷ logic → 논리, 논리학 / logical → 논리적인 / illogical → 비논리적인	
34	1	successful integration	성공적인 통합(융합)
		▷ integrate → 통합하다(= combine, merge) / integration → 통합 / integral → 필수적인(= essential)	
	2	educational technology	교육과 관련된 기술
	3	be marked by A / marked	A에 의해 특징화되다 / 분명한(= noticeable, striking)

narrate [nǽreit]

set A apart

celebrity [səlébrəti]

34	4	▶ '명사 + ~ing' 형태를 분석하는 두 가지 접근법 1. 명사를 현재분사의 수식을 받는 역할로 접근하는 방법 Successful integration is marked by that technology **being** regarded by users as a facilitator. 성공적 융합은 더 수월해지도록 돕는 역할로서 이용자들에 의해 **여겨지고 있는** 그 기술에 의해 특징화된다. → '명사 + 현재분사 ~'로 접근은 '~하는 ___'을 뜻하며 명사에 초점. 2. 명사를 동명사의 주어 역할로 접근하는 방법 Successful integration is marked **by** that technology **being** regarded by users as a facilitator. 성공적 융합은 그 기술이 더 수월해지도록 돕는 역할로서 이용자들에 의해 여겨지는 **것**에 의해 특징화된다. → '전치사 + 명사(동명사의 주어) + 동명사'로 접근은 ' ___ 이(가) ~하는 것'을 뜻하며 동명사에 초점. → 34번의 이 문장은 문맥상 이처럼 '기술이 돕는 역할로서 여겨지는 것'으로 해석해 접근해야 한다.	
	5	**A is regarded by users as B**	A가 이용자들에 의해 B로서 여겨지다
		▷ regardless of A → A와 상관없이 / regarding A → A와 관련해 = concerning A, as for(to) A	
	6	**unobtrusive facilitator**	눈에 띄지 않는 더 수월해지록 돕는 역할(촉진 역할)
		▷ facilitate → 더 수월해지도록 돕다, 더 쉽게 촉진시켜 주다 / facilitator → 더 수월해지록 돕는 역할	
	7	**instruction**	지시(명령), 지도(가르침), 지침(설명서)
		▷ instruct → 지시하다(= order, command), 가르치다 / instructive → 가르침과 유용한 정보를 주는	
	8	**the focus shift from A to B**	관심의 초점이 A로부터 B로 변하다(바뀌다)
	9	▶ '명사 + being + 과거분사 ~'가 수동의 진행을 나타내면서 명사를 수식하는 경우의 예 When the focus shifts from **the technology being used** to the educational purpose that technology serves … = When the focus shifts from **the technology (which is) being used** to the education purpose ~ 관심의 초점이 **이용되고 있는 기술**로부터 그 기술이 도움을 주는 교육적 목표로 바뀔 때 …	
	10	**the educational purpose that technology serves**	기술이 도움을 주는 교육적 목적(목표)
		▷ serve a purpose → 목표 성취에 도움을 주다 / servant → 하인 / server → 식당 종업원 serve as A → A로서 역할(기능)을 하다 / serve to+v → ~하는 역할을 하다, ~한 결과를 가져오다	
	11	**that technology is becoming a comfortable and trusted element**	그 기술은 편안하고 신뢰를 받는 요소가 되고 있다
		▷ trust → 신뢰하다 / distrust → 불신하다(= mistrust) / entrust → 책임을 맡기다 / thrust → 밀치다(= shove)	
	12	**be regarded as being successfully integrated**	성공적으로 통합(융합)되고 있는 것으로 여겨지다
	13	**few people give a second thought to the use of a ball-point pen**	볼펜 사용에 대한 후회·의심·걱정 등을 하는 사람은 거의 없다(⇒ second thought: 상황에 대한 후회·의심·걱정)
		▷ on second thought → 다시 생각해 보니 / secondary → 중요성이 덜한, 부차적인, 파생적인	
	14	**the mechanisms involved vary**	관련된 작동 방식이(기계 장치가) 다양하게 달라지다
		▷ mechanism → 전체적인 기계 장치, 작동 시스템 및 연계 구조(= system, process), 행동 및 사고 방식	

탈선하다, 틀어지게 하다 **de____**

좋아함, 애착 **li____**

기질, 성향 **disp____**

derail [di:réil]

liking [láikiŋ] = fondness

disposition [dispəzíʃən]

지문	번호	표현	의미
34	15	some use a twist mechanism	어떤 사람들은 돌리는 작동방식(기계장치)을 사용한다
		▷ twist → 돌리다(회전시키다 = rotate) , 왜곡하다(= distort), 비틀어 떼어내다, 예상치 못한 상황(반전)	
	16	some use a push button on top	어떤 사람들은 가장 위에 있는 누르는 버튼을 사용한다
	17	there are other variation as well	또한(마찬가지로) 다른 변화들(변형들)도 있다
		▷ variation → 변화, 변형 / variable → 변하는, 변수 / variability → 가변성 / variant → 변하는, 변종	
	18	personal computers have reached a similar level of familiarity	개인용 컴퓨터들도 유사한 수준(레벨)의 익숙함에 도달했다
		▷ familiar → 친숙한, 익숙한 / familiarity → 익숙함 / unfamiliar → 익숙하지 않은(= alien, foreign)	
	19	for a great many users	상당히 많은 사용자들에게(에게 있어서)
		▷ a great many A → 상당히 많은 A(= a good many A, a large number of A)	
	20	certainly not for all	확실히 모든 사람들에게 다 그런 건 아니다 → 부분 부정
	21	new and emerging technologies	새롭고 두각을 나타내며 성장하는 기술들
		▷ emerge → 등장하다(= appear), 분명해지다(= become apparent) / emerging → 돋보이며 성장하는 emergence → 등장, 두각 / emergency → 응급, 긴급	
	22	introduce both fascination and frustration with users	이용자들과 관련해 푹 빠지게 되는 큰 관심과 좌절을 모두 가져온다
		▷ introduce → 가져오다, 도입하다, 소개하다 / introduction → 도입, 소개 ▷ fascinate → 매료시키다(= captivate, enchant, hook, mesmerize) / fascination → 큰 관심, 매료 ▷ frustrate → 좌절시키다, 낙담시키다, 화나게 하다 / frustration → 좌절, 낙담, 분노	
	23	as long as ~	~하는 한, ~한다면 = so long as ~, if ~, only if ~
	24	in promoting learning, instruction, or performance	학습과, 지도와, 수행 능력을 증진시킬 때(증진시키는 것에 있어서)
		▷ in ~ing → ~할 때, ~하는 동안, ~하는 데 있어서 / by ~ing → ~함으로써 / on(upon) ~ing → ~하자마자 ▷ promote → 촉진·증진시키다(= foster, encourage), 승진시키다 / promotion → 촉진(증진), 승진	
	25	one ought not to conclude that ~	사람은(우리는) ~라고 결론을 내리지 말아야 한다
		▷ ought not to+v → ~하지 말아야 한다(↔ ought to+v<~해야 한다>) ▷ conclude that ~ → ~라고 결론을 내리다 / conclusion → 결론 / conclusive → 증거 등이 결정적인	
	26	technology has been successfully integrated — at least for that user	적어도 사용자에게는 기술이 성공적으로 융합됐다
		▷ at least → 적어도(= if nothing else) / last but not least → 마지막 내용이지만 마찬가지로 중요한 것은	
	27	the user successfully achieves familiarity with the technology	사용자가 그 기술에 대한 익숙함을(익숙한 관계를) 성공적으로 성취하다(일궈 내다)
		▷ achieve → 성취하다(달성하다 = accomplish, attain) / achievement → 성취(달성 = accomplishment)	

문항	번호	표현	의미
34	28	**user's focus is on the technology itself rather than its use**	사용자의 초점(관심)이 기술의 사용이 아니라 기술 그 자체에 있다
		▷ rather than A → A가 아니라(= not A), A 대신에(= instead of A)	
	29	**the user continues to employ outdated educational techniques**	사용자가 시대에 뒤진 교육 기법을 계속 사용하다
		▷ employ → 고용하다(= hire), 사용하다(= utilize) / employer → 고용주 / employee → 피고용인, 직원 ▷ outdated → 시대에 뒤진(= out-of-date, old-fashioned, outmoded) / up-to-date → 최신의	
	30	**the user involuntarily gets used to the misuse of the technology**	사용자가 의도적이지 않게 기술의 잘못된 사용에 익숙해지다
		▷ voluntary → 자발적인 / involuntary → 의도(자발)적이지 않은, 강제적인 / inventory → 재고품, 재고 목록 ▷ misuse → 오용(악용, 잘못된 사용) / overuse → 과도한 사용(을 하다) / reuse → 재사용(하다)	
	31	**user's preference for interaction with other users persists**	다른 사용자들과 대화하고 어울리는 소통 및 상호작용에 대한 사용자의 선호가 계속 이어지다
		▷ interact → 소통하고 어울리는 상호작용을 하다(= interface) / counteract → 반대 작용으로 약화시키다 ▷ persist → 끈질기게 계속 하다(= persevere), 계속 이어지다 persistent → 끈질긴(= persevering), 계속 이어지는(= constant) / persistence → 끈질김(= perseverance)	
35	1	**workers are united by laughing at shared event**	서로 공유된 상황(사건)에 대해 웃음으로써 노동자들은 단결돼 하나가 된다
		▷ unite → 단결(통일)하다 / united → 단결된= unified, integrated) / unity → 단결(통일성 = solidarity) ▷ laugh at A → A를 보고 웃다, A를 조롱하다(= make fun of A, pick on A, mock A, ridicule A, tease A)	
	2 190 ∨ 192	▶ 이미 언급한 명사와 같은 종류의 명사를 단수로 받아 주는 one, 복수로 받아 주는 ones 2 Unsettled, I cannot decide on whether to engage in an activity, even **one** I was once eager to do. 불안해서, 난 뭔가 활동에 참여할지를 결정할 수 없는데, 한때 간절히 하고 싶었던 **것(활동)**도 그렇다. Workers are united by laughing at shared events, even **ones** that may spark anger or conflict. 노동자들은 공유된 상황들에 대해 웃음으로써 하나가 되는데, 심지어 분노 또는 갈등을 불러일으킬 수 있는 **것들(공유된 상황들)**도 그렇다. Humor reframes potentially divisive events into merely "laughable" **ones**. 웃음은 잠재적으로 분열을 유발하는 상황들을 단순히 "웃기는" **것들(상황들)**로 다시 다르게 구성한다.	
	3	**initial / initially**	처음의, 첫 글자의, 첫 글자 / 초반에, 처음엔(= at first)
		▷ initiate → 시작하다(= begin, commence), 의식 등을 통해 회원으로 받아들이다(= admit) initiative → 남보다 앞서 주도적으로 이끌 수 있는 능력 및 기회, 추진력(= drive)	
	4	**spark anger or conflict**	분노 또는 갈등을 유발하다(촉발시키다, 불지피다)
		▷ conflict → 충돌(= clash), 갈등(의견의 불일치 = disagreement), 충돌하다, 의견이 불일치하다	
	5	**reframe A into B / frame**	A의 특성을 B로 다시 다르게 구성하다 / 틀(을 짜다)
	6	**potentially divisive event**	잠재적으로 불화(분열)을 유발하는 상황(사건)

끝내다, 끝나다 **ter___**

때려눕히다, 이기다 **k___ out**

부분적인, 편파적인 **pa___**

terminate [tə́ːrmənèit]

knock out

partial [pɑ́ːrʃəl]

<table>
<tr><td rowspan="17">35</td><td>7</td><td>merely</td><td>그저, 단지 = only, simply, solely</td></tr>
<tr><td rowspan="2">8</td><td>"laughable" ones which are put in perspective</td><td>정확히 이성적으로 파악되는 "웃기는" 것들(상황들)</td></tr>
<tr><td colspan="2">▷ laughable → 우스꽝스러운(웃기는 = ridiculous, absurd, amusing) / laughter → 웃음
▷ perspective → 관점(= standpoint, viewpoint, outlook, angle), 중요성 등을 이성적으로 파악하는 능력
put A in(into) perspective → 중요성 등을 바탕으로 A를 정확히 이성적으로 파악하다
be put in perspective → 중요성 등을 바탕으로 정확히 이성적으로 파악되다</td></tr>
<tr><td>9</td><td colspan="2">2번 설명 참조</td></tr>
<tr><td rowspan="2">10</td><td>as subservient to unifying values held by organization members</td><td>조직의 구성원들에 의해 받들어지는(간직되어지는) 가치를 통합시키는 것에 도움이 되는 것으로서</td></tr>
<tr><td colspan="2">▷ unify → 통합시키다(통일하다 = unite, bring together) / unification → 통합, 통일
▷ organize → 조직(구성)하다 / organization → 조직, 구성 / organizational → 조직의, 구성상의</td></tr>
<tr><td rowspan="2">11</td><td>repeatedly recounting humorous incidents reinforces unity</td><td>웃기는 돌발 상황(사건)에 대해 반복적으로 설명하는 것은 단결(단합, 통합)을 강화한다</td></tr>
<tr><td colspan="2">▷ repeat → 반복하다, 따라하다 / repeated → 반복되는 / repeatedly → 반복적으로 / repetition → 반복
▷ recount → 일어난 상황에 대해 설명·묘사하다(= describe, portray, narrate, relate, give an account of)
▷ incident → 돌발 상황 / incidental → 부수적인, 우발적인 / incidentally → 덜 중요한 부수적인 것으로서
▷ reinforce → 강화하다(= strengthen, fortify) / reinforcement → 지원군, 강화(보강), 특정 행동의 강화</td></tr>
<tr><td>12</td><td>based on key organizational values</td><td>아주 중요한(= essential) 조직의 가치를 기반(토대)로</td></tr>
<tr><td>13</td><td>one team told repeated stories about a dumpster fire</td><td>한 팀이 대형 쓰레기 수거통에 난 불에 대해 반복되는 이야기를 했다</td></tr>
<tr><td>14</td><td colspan="2">▶ 콤마 뒤에서 동격 명사 덩어리가 앞에 언급된 명사 및 상황을 이어서 추가로 설명하는 예 4
One team told repeated stories about a dumpster fire, something that does not seem funny.
한 팀이 쓰레기 수거통에 난 불에 대해 반복되는 이야기를 했는데, 그것은 웃긴 것 같진 않은 것이다.</td></tr>
<tr><td>15</td><td>does not seem funny on its face</td><td>처음 겉으로 보기엔(= at first glance) 웃긴 것 같지 않다</td></tr>
<tr><td rowspan="2">16</td><td>reactions of workers motivated to preserve safety</td><td>안전을 유지하도록 자극을 받았던 노동자들의 반응</td></tr>
<tr><td colspan="2">▷ react → 특정 상황에 반응하다 / reaction → 특정 상황에 대한 반응 / overreact → 과잉 반응하다
▷ motivate → 동기를 주다, 자극하다(= spur, propel) / be motivated to+v → ~하도록 자극을 받다
▷ preserve → 유지하다(= maintain, retain), 보호하다 / preservation → 유지, 보호</td></tr>
<tr><td>17</td><td colspan="2">▶ '명사 + 과거분사 ~'로 '~된(되는) …'을 뜻하며 수동 관계로 명사를 수식하는 패턴의 예 5
The reactions of workers motivated to preserve safety sparked laughter.
= The reactions of workers (who were) motivated to preserve safety sparked laughter.
안전을 유지하도록 자극을 받았던 노동자들의 반응은 웃음을 촉발시켰다.
The reactions of workers <s>motivating</s> to preserve safety sparked laughter. [x]
→ 수동 관계이므로 과거분사가 명사를 수식해야 하는 상황에서, 현재분사가 들어가면 틀린 표현이다.</td></tr>
</table>

<table>
<tr><td rowspan="22">35</td><td>18</td><td colspan="2">▶ 주어와 동사가 멀리 떨어져 있어 동사 파악이 혼동되는 예 4
The reactions of workers motivated to preserve safety [~~sparking~~ / ~~to spark~~ / **sparked**] laughter.
안전을 유지하도록 자극을 받았던 노동자들의 **반응은** 웃음**을 촉발시켰다**.
→ 'sparking(촉발시키는)' 또는 'to spark(촉발시키기 위해)'는 주어를 연결하는 동사 기능을 할 수 없다.</td></tr>
<tr><td rowspan="2">19</td><td>**… sparked laughter as the stories were shared multiple times by ~**</td><td>~에 의해 여러 번 그 이야기들이 공유됨에 따라 …는 웃음을 촉발시켰다</td></tr>
<tr><td colspan="2">▷ multiple → 다수의(여럿의), 곱한 배수 / multiply → 늘다, 늘리다, 곱하다 / multitude → 다수, 많음</td></tr>
<tr><td>20</td><td>**multiple parties in the workplace**</td><td>일터(직장)에서 다수의(여러) 사람들(당사자들)</td></tr>
<tr><td>21</td><td>**shared events that cause laughter**</td><td>웃음을 유발하는 공유된 사건들</td></tr>
<tr><td>22</td><td>**indicate a sense of belonging**</td><td>소속감을 나타내다(= show, point out, represent)</td></tr>
<tr><td>23</td><td colspan="2">▶ 단수 명사를 받아주는 it(its), 복수 명사를 받아주는 they(them, their) 2
Shared events that cause laughter can indicate a sense of belonging since "you had to be there" to see the humor in **them**.
웃음을 유발하는 공유된 사건들은 **그것들(그 공유된 사건들)**에서 재미있는 점을 알아채기 위해 "당신이 그곳에 있어야 했기" 때문에 소속감을 나타내 줄 수 있다.</td></tr>
<tr><td>24</td><td>**non-member / lumber**</td><td>구성원이 아닌 사람, 비회원 / 목재(= timber)</td></tr>
<tr><td>25
193
v
203</td><td colspan="2">▶ '일반동사를 받아주는 do, does, did / be동사를 받아주는 be, is, are, was, were' 패턴의 예 3
The mediator said the friction between the two sides would subside gradually, but it **didn't**.
중재자는 양측의 갈등(대립, 마찰)이 점진적으로 가라앉을 것이라고 말했지만, 갈등은 **그렇게 되지 않았다**.
Livestock growers are accustomed to grazing cattle on the pasture, but an urban dweller **isn't**.
가축을 기르는 사람들은 목초지에서 소들이 풀을 뜯게 하는 것에 익숙하지만, 도시 거주자는 **그렇지 않다**.
You had to be there to see the humor in the events, and non-members **were not** and **do not**.
당신은 그 상황에서 재밌는 점을 알아채기 위해 그곳에 있어야 했지만, 구성원이 아닌 사람들은 그곳에 **있지도 않아서** 재밌는 점을 **못 알아챈다**.</td></tr>
<tr><td rowspan="2">26</td><td>**humor can easily capture people's attention**</td><td>유머는 사람들의 관심을 쉽게 얻을(잡아 끌) 수 있다</td></tr>
<tr><td colspan="2">▷ capture → 붙잡다(= apprehend, catch, seize, arrest), 차지하다, 장면을 포착하다, 관심을 잡아 끌다</td></tr>
<tr><td rowspan="2">27</td><td>**commercials tend to contain humorous elements**</td><td>상업 광고는 웃기는 요소들을 포함하는 경향이 있다</td></tr>
<tr><td colspan="2">▷ commercial → TV 및 라디오 등의 상업적 목적의 광고, 상업적인 / commerce → 사고 파는 상업
▷ tend to+v → ~하는 경향이 있다(= be inclined<apt> to+v), ~하는 가능성이 있다, ~하기 쉽다</td></tr>
<tr><td>28</td><td>**such as funny faces and gestures**</td><td>웃기는 얼굴들과 몸짓들과 같은</td></tr>
<tr><td>29</td><td>**instances of humor**</td><td>유머의 사례들(= example, cases)</td></tr>
<tr><td rowspan="2">30</td><td>**serve to enact bonds among organization members**</td><td>조직의 구성원들 사이에서 유대감을 실행에 옮기는 역할을 하다(결과를 가져오다)</td></tr>
<tr><td colspan="2">▷ enact → 연기하다(= act out), ~를 실행에 옮기다(= put ~ into practice), 법률을 제정하다</td></tr>
</table>

소환하다, 불러내다 su____

해적, 불법 복제자 pi____

편견이 없이 공정한 imp____

35	31	understanding the humor may even be required as ~	그 유머를 이해하는 것은 심지어 ~로서 요구될 수도 있다
	32	an informal badge of membership	구성원이라는 비공식적인 상징(배지)
		▷ formal → 형식적이고 딱딱한, 공식적인 / informal → 형식적이거나 딱딱하지 않은(= casual), 비공식적인	
36	1	objective of battle	전투의 목적
		▷ objective → 목적, 객관적인(↔ subjective<주관적인>) / objectivity → 객관성(↔ subjectivity<주관성>)	
	2 204 v 205	▶ 콤마 뒤에서 동격 to+v 덩어리가 **앞에 언급된 명사 및 상황**을 이어 추가로 설명하는 예 **His current job**, **to develop(= developing)** insurance products, coincides with his career goals. **그의 현재 직업은**, 보험 상품을 **개발하는 것인데**, 그의 미래 직업 목표와 완전히 일치한다. → 이처럼 to+v처럼 동명사도 앞에 언급된 명사 및 상황을 동격으로 이어 설명할 수 있다. **The objective of battle**, **to "throw"** the enemy and **to make** him defenseless, may temporarily blind commanders to the larger purpose of war. **전투의 목적은** 적을 **내동댕이치고** 방어하지 못하게 **만드는 것인데**, 일시적으로 지휘관이 전쟁의 더 큰 목적을 못 보게 할 수도 있다.	
	3	enemy / throw the enemy	적(= foe) / 적을 내동댕이치다, 적을 혼란스럽게 하다
	4	make the enemy defenseless	적을 방어하지 못하게 만들다
		▷ defend → 방어·옹호하다(= support, uphold, champion) / defense → 방어, 국방 / defensive → 방어적인	
	5	temporary / temporarily	일시적인(= provisional, transitory) / 일시적으로
	6	blind commanders and strategists to the larger purpose of war	지휘관들과 전략가들이 전쟁의 더 큰 목적을(목표를) 못 보게 하다
		▷ blind A to B → A가 B를 못 보게(파악을 못하게) 하다 / blind → 눈이 먼 / deaf → 귀가 들리지 않는 ▷ command → 명령하다, ~를 받을 만하다, ~를 행사(구사)하다 / commander → 명령자, 지휘관, 사령관	
	7	war is never an isolated act	전쟁은 결코 외따로 고립된 행위가 아니다
		▷ isolate → 외따로 고립시키다 / isolated → 외따로 떨어진(고립된 = remote) / isolation → 고립	
	8 206 v 210	▶ nor + V(동사) + S(주어) → 또한 …은(…도) ~아니다(주어와 **동사**의 순서가 바뀌는 도치) War **is never** an isolated act, nor **is** it ever only one decision. 전쟁은 결코 외따로 고립된 행위가 아니고 또한 전쟁은 단 한 번의 결정도 아니다. I **don't reprimand** apprentices for having illusions about their talents and nor **do** my colleagues. 나는 자신의 재능에 대해 착각하는 것 때문에 견습생들을 꾸짖지 않고 또 내 동료들도 그렇게 하지 않는다. We **shouldn't take** the peace for granted and nor **should** our neighboring countries. 우리는 이 평화를 당연한 것으로 여겨서는 안 되고 또한 우리의 이웃 국가들도 그렇게 여겨서는 안 된다.	
	9	decide / decision / decisive	결정하다 / 결정, 빠른 판단 능력 / 결정적인
	10	political / politics / politician	정치적인 / 정치, 정치학 / 정치인
	11	a political entity or a representative of a political entity	정치적인 독립적 실체(존재) 또는 정치적인 독립적 실체(존재)의 대표자(대리인)

summon [sʌ́mən]

pirate [páirət]

impartial [impɑ́ːrʃəl]

지문	번호	표현	뜻
36	12	whatever its constitutional form (is)	그것의 구성 형태가 무엇이든
		▷ constitute → 구성하다 / constitution → 헌법, 구성, 체질 / constitutional → 헌법의, 구성의, 체질상의 unconstitutional → 헌법에 어긋나는 / constituent → 구성하는, 구성 요소, 유권자(선거인)	
	13	intention / intend / unintended	의도(계획), 목표 / 의도(계획)하다 / 의도(계획)되지 않은
	14	▶ 콤마 뒤에서 동격 **명사** 덩어리가 **앞에 언급된 명사 및 상황**을 이어서 추가로 설명하는 예 5 To be political, a political entity or a representative of a political entity, whatever its constitutional form, has to have **an intention**, **a will**. 정치적으로 되기 위해, 정치적인 독립적 실체(존재) 또는 정치적인 독립적 실체(존재)의 대표자는(대리인은) 그것의 구성 형태가 무엇이든 **의도**를 갖고 있어야 하는데, 그것은 즉 **강한 의지**다.	
	15	will / at will / goodwill	강한 의지, 열망, 유언장 / 원하는 대로 / 선의(호의, 친선)
	16	that intention has to be clearly expressed	그 의도는 분명히 표현(표출)돼야 한다
	17	war's larger purpose is always a political purpose	전쟁의 더 큰 목적은 항상 정치적인 목적이다
	18	it transcends the use of force	그것은(그 목적은) 힘(무력)의 사용을 초월한다
		▷ transcend → 경계·기대 등을 초월하다(= exceed, surpass) / ascend → 상승하다 / descend → 하강하다	
	19	insight / farsighted / nearsighted	예리한 파악능력(통찰력) / 멀리 내다보는 / 근시안적인
	20	be captured by the famous phrase	그 유명한 표현(문구)에 의해 제대로 포착(표현)되다
		▷ famous → 유명한 / infamous → 악명 높은(= notorious) / enormous → 엄청난, 거대한	
	21	war is a mere continuation of politics by other means	전쟁은 다른 수단을 통한 단순한 정치적 연속(지속)이다
		▷ mere → 단순한, 단지 ~인(= nothing but) / merely → 단지(= purely, solely, simply)	
	22	one side's will has to be transmitted to the enemy	한쪽의 의지(한쪽 당사자의 의지)가 적에게 전달돼야 할 것이다
		▷ transmit → 전달하다(= transfer, convey, relay) / transmission → 전달	
	23	at some point during the confrontation	대립(충돌) 동안의 어떤 시점에
		▷ confront → 대립(충돌, 직면)하다 / confrontation → 대립(충돌, 직면 = conflict, clash)	
	24	it does not have to be publicly communicated	그것은(한쪽의 의지는) 공개적으로 전달될 필요는 없다
	25	a violent act and its larger political intention	폭력적인 행위와 그것의 더 큰 정치적 의도
		▷ violence → 폭력 / violent → 폭력적인 / nonviolence → 비폭력 / nonviolent → 비폭력적인	

섞다, 섞이다, 혼합 bl___

누설하다, 드러내다 l___ on

놀랄 만한, 대단한 bre___

36	26	… be attributed to one side at some point during the confrontation	대립(충돌) 동안의 어떤 시점에 …가 한쪽(한쪽 당사자) 때문이라고(에 의해 유발된 것이라고) 여겨지다
		▷ attribute → (본질적인) 특성(= quality, feature) / attribution → 특정 결과에 대한 유발 원인 attribute A to B → A를 B 때문이라(B에 의해 유발된 것이라고) 여기다, A를 B에게도 적용하다 A be attributed to B → A가 B 때문이라고(B에 의해 유발된 것이라고) 여겨지다, A가 B에게도 적용되다	
	27	history does not know of acts of war without eventual attribution	역사는 특정 결과에 대한 최종적(궁극적) 유발 원인이 없는 전쟁 행위에 대해 알고 있지 않다
37	1	experts have identified a large number of measures that promote energy efficiency	전문가들은 (낭비 및 허비가 없는) 에너지의 효율성을 촉진시키는 상당히 많은 조치(수단)들을 식별(확인)했다
		▷ measure → 조치(수단), 측정하다 / measurable → 측정 가능한 / immeasurable → 측정 불가능한	
	2	fortunately / unfortunately	다행히도 / 불행하게도
		▷ fortune → 행운, 큰 액수의 돈 / misfortune → 불운(= bad luck) / fortune-teller→ 점쟁이	
	3	cost effective	비용 대비 효과적인(효율성이 높은)
	4	a fundamental requirement for energy efficiency investment	(낭비 및 허비가 없는) 에너지 효율성에 대한 투자를 위한 근본적인 요구사항
		▷ fundamental → 근본적인(= basic, underlying, root) ▷ invest → 투자하다 / investment → 투자 / be invested in A → A에 시간과 노력을 투자하다	
	5	from an economic perspective	경제적 관점으로부터
	6	this has direct repercussions at the individual level	이것은 개인적인(개별적인) 차원에서 직접적인 영향(= consequence)을 끼친다
		▷ direct → 직접적인, 이끌다(유도하다), 감독하다 / indirect → 간접적인	
	7	households can reduce the cost of electricity and gas bills	가구들은 전기 요금과 가스 요금을 줄일 수 있다
		▷ household → (집에서 함께 사는) 가구, 가족 구성원들, 널리 잘 알려진 / house → 집, 수용하다(들여놓다) ▷ bill → 계산서(고지서), 법안, 지폐, 새 부리(= beak) / hill → 언덕 / heal → 치료하다 / heel → 뒤꿈치	
	8	improve their health and comfort	그들의 건강과 편안함을 개선하다
	9	increase their competitiveness	그들의 경쟁력을 증가시키다(↔ decrease<줄이다, 줄다>)
		▷ compete → 경쟁하다 / competitive → 경쟁력 있는, 경쟁하는 / competitiveness → 경쟁력	
	10	productive / productivity	생산적인, 많이 만들어내는, 생산과 관련된 / 생산성
	11	the market for energy efficiency could contribute to the economy	에너지 효율성을 지향하는 시장은 경제에 기여할 수 있다
		▷ contribute → 기부하다(= donate), 기여하다(~ to) / contribution → 기부, 기여 / contributor → 기부자	

37	12	**through job and firms creation**	직업과 회사 창출을 통해
		▷ firm → 회사(= company), 단단한(분명한 = solid), 단호한(= resolved) / affirm → 단언(확언)하다 ▷ create → 만들어내다 / creator → 창작자 / creation → 창출, 창조 / recreation → 기분 전환, 휴양	
	13	**there are significant externalities to take into account**	고려해야 하는 중요한 외부적 발생 요소들이 있다 = ~ externalities (that) we should take into account
		▷ external → 외부적인(↔ internal<내부적인>) / externality 외부적 발생 요소 / nocturnal → 야행성의 ▷ take A into account → A를 고려하다 / accountable → 책임 있는 / accountability → 책임(= liability) be accountable for B → A에 책임 있는 / hold A accountable for B → A에게 B를 책임지도록 하다	
	14	**macroeconomic effects**	(국가 등 큰 규모의 경제와 관련된) 거시경제적 효과
	15	**at the aggregate level**	전체적인(집합적인) 차원에서
	16	**improve the level of national energy efficiency**	국가의 에너지 효율성의 수준을 향상시키다
	17	**have positive effects on A**	A에 긍정적인 영향(= impacts, influence)을 미치다
	18	**macroeconomic issues such as ~**	~같은 거시경제적 이슈들
	19	**energy dependence / dependent**	에너지 의존 / 의존하는
		▷ independence → 독립(= liberty) / independent → 독립한 / interdependent → 서로 의존하는	
	20	**climate change**	기후 변화
	21	**national competitiveness**	국가의 경쟁력
	22	**poverty / reduce fuel poverty**	가난, 결핍(= shortage, deficit) / 연료 결핍을 줄이다
		▷ fuel → 연료(를 공급하다), 자극하다(부채질하다 = stimulate, boost) / refuel → 연료를 재공급하다 ▷ impoverish → 가난하게 만들다 / impoverished → 가난한 / puberty → 신체적 변화 면에서 사춘기	
	23	**the calculation of such cost effectiveness is not easy**	그러한 비용대비 효과(효율성)의 계산은 쉽지 않다
		▷ calculate → 계산하다 / calculation → 계산(= computation) / calculator → 계산기	
	24	**it is not simply a case of ~**	그것은 그저 ~의 사례(경우)만은 아니다
	25	**look at private costs**	사적인(개별적인) 비용들을 살펴보다(생각해 보다)
	26	**compare them to the reductions achieved**	그것들(개별적인 비용들)을 성취된 절감과 비교하다
		▷ compare A to B → A를 B와 비교하다 / comparison → 비교 / comparative → 비교적인, 상대적인	
	27	▶ '명사 + 과거분사 ~'로 '~된(되는) …'을 뜻하며 수동 관계로 명사를 수식하는 패턴의 예 6 It is not a case of looking at private costs and comparing them to the reductions **achieved**. = ~ looking at private costs and comparing them to the reductions **(which have been) achieved**. 이것은 개별적인 비용들을 살펴보고 그 비용들을 **성취된** 절감과 비교하는 사례가 아니다.	

맞서 싸우다, 저지하다 **com___**

기량을 다시 다듬다 **br___ up**

인종(종족, 민족)의 **ra___**

지문	번호	표현	의미
38	1	**I have still not exactly pinpointed ~**	나는 아직 ~을 정확히 찾아내지(가리켜 주지) 못했다
		▷ pinpoint ~ → 정확히 찾아내다, 정확히 가리켜 주다, 아주 정확한(= very precise), 아주 작은 점	
	2	**character**	성격, 성향, 특성, 등장 인물
	3 211~213	▶ since의 주요 용법 I have still not exactly pinpointed Maddy's character **since** wickedness takes many forms. = I have still not exactly pinpointed Maddy's character **because(as)** wickedness takes ~. 사악함은 많은 형태를 띠**기 때문에** 나는 여전히 Maddy의 성향을 정확히 가리켜 주지 못하고 있다. He has abstained from consuming sugar-based drinks **since** he was diagnosed with diabetes. 당뇨병으로 진단을 받은 **후부터 계속** 그는 설탕을 기본으로 한 음료수 섭취를 삼가고 있다.	
	4	**wickedness takes many forms**	사악함은 많은 형태를 띤다(= assume many forms)
		▷ wicked → 사악한(= evil, morally bad), 역겨운 / wickedness → 사악함	
	5	**infer from … that ~**	(사실을 바탕으로) …로부터 ~라고 추론하다
		▷ infer → (사실을 바탕으로) 추론하다(= deduce, reason) / inference → 추론(= deduction)	
	6	**intonation**	목소리의 높낮이, 어조 = pitch, tone
	7	**context**	말 또는 글의 전후 맥락(문맥), 전체적인 상황
	8 214~217	▶ '장소 명사(선행사)' 또는 '상황의 존재 및 발생을 나타내는 명사'를 수식·연결하는 'in which' 2 I frequented a laboratory **in which(= where)** chemists were synthesizing new chemical substances. 나는 화학자들이 새로운 화학 물질을 합성하고 있었**던** 한 실험실에 자주 갔다. → 'in which'는 구체적 관련 정보가 담긴 완벽한 형태의 덩어리를 가져 오고, where로 바꿀 수도 있다. Perhaps you infer from the context **in which(= where)** we are talking that I mean morally bad. 당신은 아마 우리가 말하**는** 전체 상황으로부터 도덕적으로 나쁘다는 걸 내가 의미한다고 추론할 것이다.	
	9	**moral / morally / immoral**	도덕(윤리)적인 / 도덕(윤리)적으로 / 부도덕한
	10	**additionally**	게다가, 덧붙여서 = in addition, moreover, besides
	11	**disapprove of A**	A를 좋지 않게 여기다, A를 못마땅하게 여기다
		▷ approve of A → A를 좋게 여기다, A를 호의적으로 여기다 / prove → 증명하다, 판명되다 / proof → 증거	
	12	**~ or similar**	(앞에 언급한 ~과) 또는 그와 유사한 것
	13	**given A**	A을 고려해 봤을 때 = considering A, in view of A
	14 218~221	▶ 주절에 이어 콤마 뒤에서 형성되는 분사 패턴의 예 2 He was poised to make a presentation, **pretending** that he didn't feel awkward or out of place. 그는 발표를 할 준비가 돼 있었는데, 전혀 어색하거나 불편하게 느끼지 않**은 척하면서 그랬다**. You will probably infer that I am disapproving of Maddy, or saying that I think you should disapprove of her, or similar, **given** typical linguistic conventions and **assuming** I am sincere. 당신은 내가 Maddy를 좋지 않게 여기고 있거나, 당신이 Maddy를 좋지 않게 여겨야 한다고 내가 생각을 한다고 말하고 있거나, 그와 유사한 것을 의미한다고 아마 추론할 것인데, 전형적인 언어적 관습**을 고려하고** 내가 거짓 없이 진심을 보여주고 있다고 **추정하면서 말이다**. → 'given(~을 고려했을 때)'는 과거분사로, 'assuming(~을 추정하면서)'는 현재분사로 각각 쓰였다.	

	15	**typical linguistic conventions**	전형적인 언어적 관습
		▷ linguistic → 언어적인 / linguist → 언어학자 / bilingual → 2개 언어를 쓰는 / trilingual → 3개 언어를 쓰는	
	16	**assume I am sincere**	내가 거짓 없이 진심을 보여주고 있다고 추정하다
		▷ sincere → 거짓 없이 진심을 보여주는(진실한 = heartfelt, honest, genuine) / sincerity → 진실성	
	17	**get a more detailed sense of the particular sorts of way**	특이한 종류의 방식에 대해 더 상세히 파악(이해)하다
	18 222	▶ 선행사 'the way'를 수식하며 ~한 면(패턴, 방식)을 뜻하는 덩어리를 이끄는 in which I know **the way in which** he negotiated with them. 나는 그가 그들과 협상했던 **방식**을 알고 있다. = I know **the way** he negotiated with them. → 'in which'가 생략될 때가 많다 = I know **how** he negotiated with them. → 'the way' 대신 'how'로 바꿔도 된다 You might not get a more detailed sense of the particular sorts of **way in which** Maddy is bad. 당신은 Maddy가 나쁜 특이한 종류의 **방식(성향 패턴)**에 대해 더 상세히 파악을 못할 수도 있다.	
	19	**typical character traits**	전형적인 성격상 특성(특징= characteristics, qualities)
	20	**A, B and the like**	A, B와 더불어 그와 유사한 것·사람들(= and so forth)
	21	**since people can be bad in many ways**	여러 면에서(= in many aspects) 사람들이 나쁠 수 있기 때문에
38	22	**in contrast / contrast**	(앞 내용과는 달리) 대조적으로 / 대조, 대조하다
	23	**get more of a sense of her typical actions and attitudes to others**	그녀의 전형적인 행동과 타인에 대한 사고방식(태도)에 대해 더 많이 파악(이해)하다
		▷ attitude → 관점(입장, 사고방식 = viewpoint, stance, approach), (사고방식의 결과로 나타나는) 태도	
	24	**the word 'wicked' is more specific than 'bad'**	'사악한'이라는 단어는 '나쁜'보다 더 구체적이다
	25	**there is more detail nevertheless**	그럼에도 불구하고 더 많은 세부적 요소가 있다
		▷ nevertheless → 그럼에도 불구하고(하지만 = nonetheless, however)	
	26	**a stronger connotation**	더 강한 함축된 의미
	27	▶ 콤마 뒤에서 동격 **명사** 덩어리가 **앞에 언급된 명사 및 상황**을 이어서 추가로 설명하는 예 6 There is **more detail** nevertheless, perhaps **a stronger connotation** of the sort of person Maddy is. 그럼에도 불구하고 **더 많은 세부적 요소**가 있는데, **그것은** Maddy 본래의 인간 됨됨이에 대한 아마 **더 강한 함축된 의미**일지도 모른다.	
	28 223 v 224	▶ '선행사 + **관계대명사** + 주어 및 there + be동사 및 become 등' 패턴의 예 He was seen as the best candidate **(that)** there was. 그는 존재했던 가장 최고의 후보자로 여겨졌다. Let go of the person **(that, who)** you used to be. 당신이 전에 갖고 있었던 그 정체성을 놓아줘라. There is perhaps a stronger connotation of the sort of person **(that, who)** Maddy is. Maddy 본래의 인간 됨됨이에 대한 더 강한 함축된 의미가 아마 있을지도 모른다. → 이와 같은 패턴에서 관계대명사는 생략이 가능하다.	

계속 머물거나 남아있다 **lin____**

A를 실망시키다 **l____ down A**

인종 차별주의자(의) **ra____**

38	29	**in addition / in addition to A**	게다가(= what is more) / A에 덧붙여(= over and above A)
	30	▶ 주절 앞에서 형성되는 분사 패턴의 예 2 In addition, and again [~~assume~~ / **assuming**] typical linguistic conventions, you should also get a sense that I am disapproving of Maddy. 게다가, 다시 전형적인 언어적 관습**을 취하면서**, 당신은 내가 Maddy를 좋지 않게 여기고 있다는 느낌을 또한 받게 될 것이다. → 주절 앞에서 문맥에 맞게 문장을 연결하는 기능을 하는 분사가 와야 하므로, assume은 틀린 표현.	
	31	**get a sense that ~**	~라는 느낌을 받다, ~라고 파악을(이해를) 하다
	32	▶ 주절에 이어 콤마 뒤에서 형성되는 분사 패턴의 예 3 You should get a sense that I am disapproving of Maddy, or saying that you should disapprove of her, or similar, **assuming** that we are still discussing her moral character. 당신은 내가 Maddy를 좋지 않게 여기고 있거나, 당신이 Maddy를 좋지 않게 여겨야 한다고 내가 말하고 있거나, 그와 유사한 것을 의미한다는 느낌을 받을 것인데, 우리가 여전히 그녀의 도덕적인 특성(성향)에 대해 이야기하고 있다**고 추정하면서 말이다**.	
	33	**discuss her moral character**	그녀의 도덕적인 특성(성향)에 대해 이야기하다
39	1	**Note that copyright covers the expression of an idea.**	저작권은 생각(개념)의 표출(표현)에 적용된다는 점에 주목하라 = Note that copyright applies to the ~
		▷ note → 기록(~s), 메모, 음표, 주목하다(= pay attention to), 언급하다 / take note (of A) → (A에) 주목하다 ▷ copyright → 저작권, ~에 대한 저작권을 얻어 보호받다 / copy → 복사·복제하다(= duplicate, replicate)	
	2 225 v 230	▶ 비교 및 대조 상황에서 특정한 요소를 부정하는 not의 예 Note that copyright **covers** the expression of an idea and not the idea itself. 저작권은 생각의 표출에 **적용되는 것이지** 생각 그 자체에 **적용되는 것**이 아니라는 점에 주목하라. Contrary to their belief, his pupils **embraced** the implication of the prophecy, not **ignored** it. 그들의 생각과는 반대로, 그의 제자들은 그 예언의 함축된 의미를 **받아들였지** 그것을 **무시하진** 않았다.	
	3	▶ '~self'가 단순한 강조의 의미만을 갖고 있어 생략해도 문장 구성에 지장이 없는 경우 Note that copyright covers the expression of an idea and not the idea **(itself)**. 저작권은 생각의 표출에 적용되는 것이지 생각 **(그 자체)**에 적용되는 것이 아니라는 점에 주목하라. This includes the use of previous designs that they have created **(themselves)**. 이것은 그들이 **(스스로 직접)** 만든 이전 디자인의 사용을 포함한다.	
	4	**draw on their experience of design when approaching a new project**	새로운 작업 프로젝트에 접근할 때 디자인에 대한 자신들의 경험을 이용하다
		▷ draw on(upon) A → A를 이용하다(= tap into A) / draw the(a) line → 허용 한계를 정하다(= set a limit) ▷ approach → 접근하다, 접근법(관점 = perspective, viewpoint) ▷ project → 작업 프로젝트, 기획된 사업, 계획하다, 투사(발산)하다 / projected → 예상되는(= expected) inject → 주입·주사하다(= administer) / reject → 거절·거부하다(= decline, refuse, turn down)	
	5	▶ '접속사 + 현재분사(능동 및 진행) ~' 패턴의 예 2 Designers draw on their experience of design **when they approach** a new project. = Designers draw on their experience of design **when approaching** a new project. 디자이너들은 새로운 작업 프로젝트**에 접근할 때** 디자인에 대한 자신들의 경험을 이용한다.	

linger [lingər]

let down A

racist [réisist]

	6	**include**	포함하다(= contain, incorporate) ↔ exclude(제외하다)
		▷ inclusion → 포함(↔ exclusion<제외>) / inclusive → 제한 없이 받아들이는(↔ exclusive<독점·배타적인>)	
	7	**the use of previous designs**	이전 디자인들의 사용
	8 231 v 236	▶ 관계대명사 뒤에 '주어 + agree, believe, claim, feel, know, suppose, think' 등이 끼어든 예 Put forward a hypothesis that sounds plausible lest he disregard your endeavors. 그가 너희들의 노력을 무시하지 않도록 그럴듯하게 들리는 가설을 제시해 봐라. ⇒ Put forward a hypothesis (that) **he will agree** sounds plausible lest he disregard your endeavors. 그가 너희들의 노력을 무시하지 않도록 그럴듯하게 들린다고 **그가 동의할** 가설을 제시해 봐라. → 이처럼 '주어 + agree, believe 등'이 끼어든 형태에서 주격 관계대명사는 생략될 수도 있다. This includes the use of previous designs that work. 이것은 기대하는 효과를 내는 이전 디자인들의 사용을 포함한다. ⇒ This includes the use of previous designs that **they know** work. 이것은 기대하는 효과를 낸다고 **그들이 알고 있는** 이전 디자인들의 사용을 포함한다.	
	9	3번 설명 참조	
	10	▶ 앞에 나온 명사를 단수로 받아주는 that, 복수로 받아주는 those 3 This includes the use of previous designs that they know work — both designs that they have created themselves and **those** that others have created. 이것은 기대하는 효과를 낸다고 그들이 알고 있는 이전 디자인들의 사용을 포함하는데, (그것은) 그들이 스스로 직접 만든 디자인들과 다른 사람들이 창작한 **그것들(디자인들)** 둘 모두를 말한다.	
39		**spark inspiration that also leads to new ideas and innovation**	또한 새로운 아이디어와 혁신에 이르는 영감(창의적인 자극)을 불러일으키다
	11	▷ spark → 불꽃(을 일으키다), 촉발시키다(불러일으키다 = give rise to, bring about, trigger, stimulate) ▷ inspire → 영감을 주다, 자극하거나 북돋다 / inspiration → 영감, 자극 / expire → 만료되다(끝나다) ▷ lead to A → A에 이르다(A를 가져오다 = result in A, translate into A, bring about A, give rise to A) ▷ innovation → 혁신(새로운 변화 = revolution, transformation) / innovative → 혁신적인	
	12	**this is well known and understood**	이것은 잘 알려져 있고 잘 이해되고 있다
	13	**the expression of an idea is protected by copyright**	생각(개념)의 표출은 저작권에 의해 보호된다
	14	**people who infringe on copyright**	저작권을 위반하는 사람들
	15	**be taken to court and prosecuted**	고소(고발)을 당해 기소되다(재판에 넘겨지다)
		▷ court → 법원(= court of law), 테니스 및 농구 코트, 궁정(궁궐 = palace), 구애하다	
	16	**there are numerous smartphones all with similar functionality**	모두 유사한 기능성(실용성)을 지닌 수많은 스마트폰들이 있다
		▷ numeral → 숫자 / numerical → 숫자의 / numerous → 수많은 / innumerable → 무수히 많은	
	17	**represent an infringement of copyright**	저작권에 대한 위반을 나타내다

환경(장소)에 익숙해지다 hab___

물려주다, 남기다 h___ down

범죄/범죄자, 범죄의 c___ / c___

39	18	▶ as가 '~이기 때문에'로 쓰이는 예(as = because = since) This does not represent an infringement of copyright **as** the idea has been expressed in different ways. 그 생각(개념)이 다른 방식으로 표출됐**기 때문에** 이것은 저작권에 대한 위반을 나타내진 않는다.	
	19	**the idea has been expressed in different ways**	다른 방식으로 그 생각(개념)이 표출되다
	20 237 v 241	▶ 'it is A that B ~'이 'B인 것은 바로 A다'를 뜻하며 명사, 장소, 시간 등을 강조하는 예 1 **It is** the expression **that** has been copyrighted. 저작권 획득으로 보호를 받은 것은 **바로** 그 표현**이다**. **It is** in the remote meadow **that** I often meditate. 내가 종종 명상하는 곳은 **바로** 그 외딴 초원에서**다**. **It was** at dusk **that** I bumped into the carpenter. 내가 그 목수를 우연히 만났던 때는 **바로** 해질녘**이었다**.	
	21	**the expression has been copyrighted**	그 표현이 저작권 획득으로 보호를 받아 왔다
	22	**copyright is free and is automatically invested in the author**	저작권은 무료이고 자동으로 저자에게 주어진다
		▷ be invested in A → 권리 및 권한 등이 A에게 주어지다, A에 투자되다	
	23	**a programmer who develops A**	A를 개발하는 프로그래머
	24	**unless they sign the copyright over to someone else**	그들이 다른 누군가에게 저작권을 넘겨주는 서명을 하지 않는다면
		▷ unless ~ → ~하지 않는다면(= if … not ~)	
40	1	**from a cross-cultural perspective**	다른 문화들을 다루고 비교하는 관점으로부터 봤을 때
	2	**equation / equation between public leadership and dominance**	방정식, 동일시 / 대중적 지도력과 더 강한 지배력의 관계를 동일시하는 것
		▷ equal → 같은, 공평한 / equal footing → 동등한 관계 / equality → 평등 / inequality → 불평등 equate A and(with) B → A와 B의 관계를 동일시하다 / equator → 적도 / equitable → 공정한(= fair) equation between A and B → A와 B의 관계를 동일시하는 것 / unequalled → 남보다 뛰어난(= peerless) ▷ dominate → 지배하다 / dominant → 지배적인 / dominance → 더 강한 지배력(= domination)	
	3	**questionable / unquestionable**	의심스럽고 논란의 여지가 있는(= doubtful, controversial) / 의심(논란)의 여지가 없는(= indisputable, undeniable)
	4	**what does one mean by ~?**	일반적인 사람은 ~로 무엇을 의미하나?
	5	**indicate coercion**	강요(강제 = compulsion)를 나타내다
	6	**control over 'the most valued'**	'가장 가치 있는 것'에 대한 지배(통제)
	7	**political system**	(민주주의 및 정당 같은) 정치 시스템
		▷ visual system → (시각을 담당하는) 시각계 / digestive system → 소화계 / nervous system → 신경계	
	8	**both, either, or neither**	둘 모두, 둘 중 하나, 또는 둘 모두 아닌
	9	**conceivably**	아마도 = probably
		▷ conceive → 좋은 아이디어 등을 생각해내다(= come up with), 임신하다 / conceivable → 상상할 수 있는	

habituate [həbítʃuèit]

hand down

crime [kraim] / criminal [krímənl]

번호	구	항목	의미
40	10	**bothersome / tiresome / troublesome**	성가신(= annoying, irritating) / 피곤한 / 문제를 일으키는
	11	▶ 이미 언급한 명사와 같은 종류의 명사를 단수로 받아 주는 one, 복수로 받아 주는 ones 3 The idea of 'control' would be a bothersome **one** for many peoples. 'control'이라는 개념은 (인종 및 국가 등을 이루는) 많은 사람들에게 성가신 **것(개념)**일 것이다.	
	12 242 v 244	▶ as가 '~처럼'으로 쓰이는 예 On the whole, and **as** in previous similar circumstances, they showed little compassion toward casualties. 대체적으로, 그리고 이전의 유사한 상황에서**처럼**, 그들은 사상자들에게 동정심을 거의 보여주지 않았다. The idea of 'control' would be a bothersome one for many peoples, **as** for instance among many native peoples of Amazonia. 'control'이라는 개념은, 예를 들어 남미 아마존 유역의 많은 원주민들 사이에서**처럼**, (인종 및 국가 등을 이루는) 많은 사람들에게 성가신 개념일 것이다.	
	13	**native peoples of Amazonia**	남미 아마존강 유역의 원주민들
		▷ people → 사람들, 인종·종족·국가 등을 이루는 사람들 집단(복수는 peoples)	
	14	▶ '장소 명사(선행사)' 또는 '상황의 존재 및 발생을 나타내는 명사'를 수식·연결하는 where 3 ~ among many native peoples of Amazonia **where** all members of a community are fond of their personal autonomy and notably allergic to any obvious expression of control or coercion. 한 공동체의 모든 구성원들이 자신들의 개인적인 자율을 좋아하고, 분명히 드러나는 그 어떤 통제 또는 강제의 표출을 특히 상당히 싫어하**는** 남미 아마존강 유역의 원주민들 사이에서 ~	
	15	**all members of a community are fond of their personal autonomy**	한 공동체의 모든 구성원들이 자신들의 개인적 자율을 좋아하다
		▷ be fond of A → A를 좋아하다(= like A, love A) / fondness → 좋아함(애착 = affection, liking) ▷ autonomy → 자율(= independence), 자치 / autonomous → 자율적인(= independent), 자치의	
	16	**notably**	특히(= in particular, especially), 눈에 띄게(= noticeably)
		▷ notable → 주목할 만한(눈에 띄는 = remarkable, outstanding, noteworthy), 크게 성공해 존경을 받는	
	17	**be allergic to A**	A에 알레르기 반응이 있다, A를 상당히 싫어하다
	18	**obvious expression**	분명한(= apparent, evident, manifest, overt) 표현(표출)
	19	**control or coercion**	억제(통제) 또는 강제(강요)
		▷ coerce → 강제로 시키다, 강제로 빼앗다 / coercion → 강제(강요 = compulsion) / coercive → 강제적인	
	20	**the conception of political power as a coercive force**	강제적인 힘으로서 정치적 권력의 개념
	21 245 v 248	▶ as가 '~으로서(~로)'로 쓰이는 예 The conception of political power **as** a coercive force is not a universal. 강제적인 힘**으로서** 정치적 권력의 개념은 보편적인 특성이 아니다. The history of the ruined palace was comprehensively researched **as** a first step to restore it. 폐허가 된 그 궁전을 복원하기 위한 첫 단계**로서** 그것에 대한 과거사가 광범위하게 조사됐다.	
	22	**Western fixation**	서구의 병적일 정도의 집착(= obsession, preoccupation)
		▷ fixate on A → A에 집착하다(= be fixated on A, be obsessed with A, be preoccupied with A)	

힘써 노력하다, 애쓰다 **str____**

A를 배출(발산)하다 **g___ off A**

관점, 향후 전망, 경치 **ou____**

	23 249 ∨ 254	▶ 주어와 동사가 멀리 떨어져 있어 동사 파악이 혼동되는 예 5 **The conception** of political power as a coercive force, while it may be a Western fixation, [~~are~~ / **is**] not a universal. 강제적 힘으로서 정치권력의 **개념은**, 그것이 서구의 병적일 정도의 집착이긴 하지만, 보편적 특성은 **아니다**. → 주어인 The conception이 단수이므로 뒤에 따라오는 동사는 단수 동사(is)이어야 한다. **Parents** who shield their children from the nasty and merciless realities of the outside world [~~is~~ / **are**] unaware that they are depriving them of precious opportunities to learn from adversities. 바깥 세상의 불쾌하고 무자비한 현실로부터 아이들을 보호하는 **부모들은** 아이들이 역경으로부터 배워 나아갈 수 있는 소중한 기회를 자신들이 빼앗고 있다는 점을 **인식하지 못하고 있다**. → 주어인 Parents가 복수이므로 뒤에 따라오는 동사는 복수 동사(are)이어야 한다.	
	24	**universal**	보편적인(= common, ubiquitous), 보편적인 특성
	25 255 ∨ 258	▶ 'it is … for A + to+v'로 'A가 **~하는 것이(것은)** …다'를 나타내는 예 **It** is very unusual **for** an Amazonian leader **to give** an order. **아마존 유역의 지도자가** 명령을 내리**는 것은** 아주 드물다. **It** was a privilege **for** the poor miner **to be** able to name his baby after the renowned composer. **가난한 광부가** 그 저명한 작곡가의 이름을 따서 아기의 이름을 지을 **수 있었던 것은** 영광이었다.	
	26	**give an order / place an order**	명령을(지시를) 내리다 / 상품을 주문하다
	27	**view A as B**	A를 B로(B라고) 여기다 = see A as B, think of A as B
	28	**not …, nor ~**	…이 아니고 또한 ~도 아닌 = not … or ~
40	29	**the most valued domain**	가장 가치 있는 분야(영역 = field, area, sphere)
	30	**leap from A to B**	A로부터 B로의 도약(갑작스러운 변화 및 증가)
	31 259	▶ 'the + 형용사'로 '특정 특징을 지닌 사람들' 또는 '추상적 의미를 담은 명사'를 표현하는 예 French is no longer as widely spoken, and **the French** are notorious for speaking only French. 프랑스어는 더 이상 널리 쓰이지 않는데, **프랑스인들**은 오직 프랑스어만을 쓰는 것으로 유명하다. → 'the + 형용사'는 '특정 국가 국민' 및 'the aged(노인들)'처럼 '특정 특징의 사람들'을 나타낼 수 있다. They didn't distinguish **the political** from **the religious**, nor **the secular** from **the sacred**. 그들은 **종교적인 것**으로부터 **정치적인 것**을 구별하지 않았고, 또한 **신성한 것**으로부터 **세속적인 것**도 구별하지 않았다. → political 같은 형용사 앞에 the가 붙으면 '정치적인 것'처럼 형태가 없는 추상명사를 나타낼 수 있다.	
	32	▶ 주어와 동사가 멀리 떨어져 있어 동사 파악이 혼동되는 예 6 If many peoples do not view political power as a coercive force, nor as the most valued domain, then **the leap** from 'the political' to 'domination' (as coercion), and from there to 'domination of women', [~~being~~ / **is**] a shaky one. 많은 사람이 정치적 권력을 강제적 힘으로 또는 가장 가치 있는 영역으로 보는 것도 아니라면, '정치적인 것'으로부터 (강제로서) '지배'로의 (**도약**과), 거기로부터 '여성의 지배'로의 **도약은** 믿을 수 없는 **도약이다**. → 참고로, 'a shaky one'의 one은 'the leap'의 leap을 받아줘 '믿을 수 없는 도약'으로 해석된다.	
	33	**shaky**	불안하게 흔들리는, 약한, 불확실하고 믿을 수 없는
	34	**remark / remarkable**	언급(하다) = mention / 놀랄 만한, 주목할 만한 = striking
	35	**notion / notional**	개념(생각 = concept, conception) / 실제가 아닌 개념상의

strive [straiv]

give off A = emit [imit]

outlook [autluk]

문항	번호	표현	의미
40	36	**political personhood**	정치적인 면에서의 특정 개인의 특성 및 됨됨이
	37	**cultural obsession**	문화적인 집착(= fixation, preoccupation)
		▷ obsess → 마음을 사로잡다(= preoccupy) / be obsessed with(by) A → A에 사로잡히다	
	38	**of one's own**	자신만의(스스로의) 독특한
	39	▶ 콤마 뒤에서 동격 **명사** 덩어리가 **앞에 언급된 명사 및 상황**을 이어서 추가로 설명하는 예 7 As Marilyn Strathern has remarked, the notions of 'the political' and 'political personhood' are **cultural obsessions of our own**, **a bias** long reflected in anthropological constructs. Marilyn Strathern이 말했던 것처럼 '정치적인 면' 그리고 '정치적인 면에서의 특정 개인의 특성'은 **우리 스스로의 문화적 집착인데**, 그것은 인류학적인 주관적 개념에서 오랫동안 반영돼 온 **편견**이다. → 동격 명사 덩어리는 이처럼 특정 **명사**가 분사나 관계사 등으로 수식을 받는 구조로 형성된다.	
	40	**anthropological constructs**	인류학적인 주관적 개념(이론)
		▷ anthropology → 인류학 / anthropological → 인류학적인 / anthropologist → 인류학자 ▷ construct → 건설하다(세우다 = build, erect), 주관적 개념 및 이론(= subjective idea or theory)	
	41 260 v 267	▶ it(가주어)과 to+v(진주어)로 'it + 형용사 또는 명사 + to+v ~'를 형성하는 예 Before the transaction, **it** is sensible **to clarify** how much you can afford to deposit in your account. 거래 전에, 당신이 당신 계좌에 얼마를 넣어 둘(예치해 둘) 수 있는지**를 분명히 설명해 주는 것이** 현명하다. **It** is crucial **to** thoroughly **comprehend** the immune response that underlies allergic reactions. 알레르기 반응의 중요한 바탕을 형성하고 있는 면역 반응**을** 철저히 **이해하는 것이** 상당히 중요하다.	
	42	**understand political power in other cultures**	다른 문화들의 정치적 힘(권력)을 이해하다
	43	**through our own notion of it**	그것(정치적 힘)에 대한 우리 스스로의 개념을 통해
	44	**across cultures / cross-cultural**	문화 전반에 걸쳐 / 서로 다른 문화들과 관련된, 다문화의
	45	**rational**	이성적인, 합리적인 = logical, reasonable, sensible
		▷ irrational → 비이성(비합리)적인 / rationalize → 부정적인 상황 등을 그럴듯하게 합리화하다(= justify)	
	46	**flexible**	유연한(잘 휘는), 융통성 있는(쉽게 변화하고 적응하는)
		▷ inflexible → 유연하지 않은(뻣뻣한 = rigid, stiff), 융통성이 없는 / flexibility → 유연함, 융통성	
	47	**appropriate**	상황에 적절한 = proper, suitable, apt
		▷ inappropriate → 상황에 부적절한(= improper, unsuitable, inapt)	
	48	**commonplace / commoner**	보통의(평범한 = common, ordinary, normal) / 평민
	49	**misguided**	판단이 틀린, 잘못 유도된 = ill-judged, misled
	50	**uniform / uniformity**	동일한(= identical), 변치 않는, 유니폼 / 동일함, 획일성
	51	**unreasonable**	이성(합리)적이지 못한 = irrational, illogical
	52	**varied / buried**	다양한(= various, diverse) / 묻힌, 매장된

흐려지다 / 흐릿한 b___ / b___

점점 줄다(없어지다) w___ off

매우 많은 quite a f___

<table>
<tr><td rowspan="17">41
|
42</td><td rowspan="2">1
268
∨
273</td><td>our irresistible tendency to see things in human terms</td><td>인간의 용어로(관점에서) 상황(사물)을 바라보려는 우리의 억누를 수 없는 성향</td></tr>
<tr><td colspan="2">▷ resist → 저항하다(= withstand, hold up against), 버티다 / irresistible → 억누를 수 없는(= compulsive)
▷ term → 용어, 기간(= period), 학기 / terms → 용어들, 계약 조건(= condition), 관계(= relationship)
▷ term이 포함된 다양한 표현
The civilization would perish in the long term. 그 문명은 시간이 오래 흘러 결국 사라질 것이다.
The firm will remain on top in terms of revenue. 수익 면(관점)에서 그 회사는 최고를 유지할 것이다.
She is on good[bad] terms with her ex-employers. 그녀는 이전 고용주들과 좋은[안 좋은] 관계다.
He came to terms with his own vulnerabilities. 그는 자신의 취약한 면들을 순순히 받아들였다.</td></tr>
<tr><td>2
274
∨
276</td><td colspan="2">▶ '대쉬(—)'와 함께 'that이 이끄는 동격 덩어리'가 형성되는 패턴의 예
Our irresistible tendency to see things in human terms — that we are often mistaken in attributing complex human motives and processing abilities to other species — does not mean that ~.
인간의 관점에서 상황을 바라보려는 우리의 억누를 수 없는 성향, 즉 복잡한 인간의 동기와 처리 능력을 다른 종들에게도 적용할 때 우리가 종종 판단이 틀린다는 것은 ~를 의미하진 않는다.
→ 대쉬(—)는 명사 덩어리를 추가로 설명하는 역할로서 that이 이끄는 동격 덩어리를 가져올 수 있다.
In these anecdotes, you can see what you know intuitively — that it is not a compliment to say that a person is without shame.
이 이야기들에서, 당신은 당신이 직관적으로 아는 것, 즉 어떤 사람이(사람에게) 수치심이 없다고 말을 하는 것은 찬사가 아니라는 것을 알 수 있다.</td></tr>
<tr><td>3</td><td>we are often mistaken in A</td><td>A할 때 우리는 종종 판단이 틀린다(= erroneous)</td></tr>
<tr><td>4</td><td>attribute A to B</td><td>A를 B에게도 적용하다, A의 원인을 B때문이라고 여기다</td></tr>
<tr><td>5</td><td>complex human motives</td><td>복잡한 인간의 동기(의도= reasons, motivations)</td></tr>
<tr><td>6</td><td>processing abilities</td><td>처리 능력</td></tr>
<tr><td>7</td><td colspan="2">▶ 주어와 동사가 멀리 떨어져 있어 동사 파악이 혼동되는 예 7
Our irresistible tendency to see things in human terms — that we are often mistaken in attributing complex human motives and processing abilities to other species — [<del>do</del> / does] not mean that ~.
인간의 관점에서 상황을 바라보려는 우리의 억누를 수 없는 성향, 즉 복잡한 인간의 동기와 처리 능력을 다른 종들에게도 적용할 때 우리가 종종 판단이 틀린다는 것은 ~를 의미하진 않는다.
→ 주어인 Our irresistible tendency가 단수이므로 뒤에 따라오는 동사는 단수 동사(does)이어야 한다.</td></tr>
<tr><td>8</td><td>… does not mean that an animal's behavior is not, in fact, complex</td><td>…는 동물의 행동이 사실은 복잡하지 않다는 것을 의미하진 않는다</td></tr>
<tr><td>9</td><td>…. Rather, ~</td><td>…이다. 한데 그와는 정반대로(한데 그와는 달리), ~다</td></tr>
<tr><td>10</td><td>complexity of an animal's behavior</td><td>동물 행동의 복잡함(= complication)</td></tr>
<tr><td rowspan="2">11</td><td>… is not purely a product of its internal complexity</td><td>…는 그저(단지) 내면의 복잡함의 산물(결과물 = outcome, result)만은 아니다</td></tr>
<tr><td colspan="2">▷ pure → 순수한(= sheer) / impure → 불순한 / not purely → ~ 그저 ~만은 아니다(= not merely<simply> ~)</td></tr>
<tr><td>12</td><td>parable of the ant</td><td>개미의 우화(교훈 전달을 위해 비유한 이야기)</td></tr>
</table>

blur [blə:r] / blurry [blə́:ri]

wear off = tail off, dwindle

quite a few = not a few

41 | 42	13	**make this point very clearly**	이 점을(이 주장을, 이 생각을) 아주 분명히 밝혀 주다
	14	**imagine an ant walking along ~**	~를 따라 걷는 개미를 상상하다
	15	**visualize tracking the trajectory of the ant as it moves**	개미가 움직일 때 개미의 이동 경로(궤적)를 추적하는 것을 마음속에 그려 보다
		▷ visualize → 마음속에 그려 보다(상상하다 ≒ imagine, envision) / visualization → 마음속에 그려 보기 ▷ track → 많은 왕래로 생긴 길(= path, trail), 흔적(~s / = traces), 흔적을 따라가다(= shadow, trail, trace)	
	16 277 v 284	▶ as가 '~하는 동안, ~할 때, ~함에 따라' 등 시간과 관련된 의미로 쓰이는 예 2 Something dreadful dawned on him **as** he was trying to figure out what the letters stood for. 그 글자가 무엇을 상징하는지를 알아내려**는 동안** 끔찍한 무엇인가가 드디어 그에게 이해되기 시작했다. Imagine an ant walking along a beach, and visualize tracking the trajectory of it **as** it moves. 해변을 따라 기어가는 개미를 상상하고, 개미가 움직**일 때** 경로를 추적하는 것을 마음속에 그려 봐라. **As** I climbed a steeper slope leading to the summit of the plateau, the fog became even denser. 내가 고원의 정상을 향해 이어진 더 가파른 경사면을 올라감**에 따라**, 안개는 더욱 진해졌다.	
	17	**twists and turns**	도로, 강, 경로 등이 구불구불한 모양, 복잡한 상황
	18	**regular / irregular**	규칙적인 / 불규칙적인(= inconsistent, unsteady, uneven)
		▷ regularly → 규칙적으로(= on a regular basis) / regularity → 규칙적 패턴 / irregularity → 불규칙성	
	19	**complicated**	복잡한, 복잡하게 얽힌 = complex, intricate
	20	**one could then suppose that ~**	(일반적인) 사람은 그런 뒤 ~라고 가정할 수 있을 것이다
	21	**the ant had equally complicated internal navigational abilities**	개미는 (인간과) 동일하게 복잡한 길을 찾아가는 내면의 능력을 갖고 있다
		▷ navigate → 길을 찾아가다, 조종하다 / navigation → 길을 찾아가기 / navigational → 길을 찾아가는	
	22	▶ 조동사 뒤에 2개 이상의 동사원형이 이어지는 경우 2 One could then suppose that the ant had equally complicated internal navigational abilities, and work out what these were likely to be by analyzing the trajectory. (일반적인) 사람은 그런 뒤 개미가 (인간과) 동일하게 복잡한 길을 찾아가는 내면의 능력을 갖고 있다고 가정할 수 있고, 그 경로를 분석함으로써 이것들이 무엇일 가능성이 있는지를 알아낼 수 있을 것이다. → 조동사 could가 and를 연결 고리로, 동사원형 2개(suppose, work out)를 데리고 오는 형태.	
	23	**work out / work out A**	운동하다, (잘) 진행되다 / A(해결책 등)를 알아내다
	24	**what these were likely to be**	이것들이 무엇이었을 가능성이 있는지
	25	**by analyzing the trajectory**	그 경로를 분석함으로써
		▷ analyze → 분석하다 / analysis → 분석 / analytical → 분석적인(= analytic) / analyst → 분석가	
	26	▶ to+v가 '~하기 위해'를 의미하는 예 3 One could work out what these were likely to be by analyzing the trajectory **to infer** the rules and mechanisms that could produce such a complex navigational path. (일반적인) 사람은 길을 찾는 과정에서 생긴 그런 복잡한 경로를 만들어 낼 수 있는 규칙과 행동 방식을 **추론하기 위해** 그 경로를 분석함으로써 이것들이 무엇일 가능성이 있는지를 알아낼 수 있을 것이다.	

추진시키다, 자극하다 **pr____**

불법 침입하다 **b____ in(into)**

산림 벌채, 산림 파괴 **def____**

	27	**infer the rules and mechanisms that could produce ~**	~를 만들어 낼 수 있는 규칙과 행동 방식을 추론하다
	28	**such a complex navigational path**	길을 찾는 과정에서 생긴 그런 복잡한 경로(궤적, 길)
	29	**the complexity of the trajectory**	그 이동 경로의 복잡함
	30	**a complexity in the surface of ~**	~의 표면에서의 복잡함
		▷ surface → 표면(에 나타나다) / on the surface → 표면상으론 / scratch the surface → 일부만 다루다	
	31 285 v 286	▶ '~, not …'의 형태로 '…이 아니라 ~다'를 의미하는 예 The complexity of the trajectory is a complexity in the surface of the beach, **not** a complexity in the ant. 그 이동 경로의 복잡함은 개미에서의(개미에 내재된) 복잡함**이 아니라** 해변의 표면에서의 복잡함이다. The ant may be using a set of very complex rules: it is the interaction of these rules with the environment that actually produces the complex trajectory, **not** the ant alone. 개미는 비슷하게 이뤄진 일련의 아주 복잡한 규칙들을 사용하고 있는 것일 수도 있는데, 복잡한 이동 경로를 실제로 만들어 내는 것은 개미 하나만**이 아니라** 바로 이러한 규칙들의 환경과의 상호작용이다. He referred to the importance of conforming to social norms, **not** to the reason to defy them. 그는 사회 규범을 거부해야 할 이유에 대해서**가 아니라**, 규범을 준수하는 것의 중요성에 대해 언급했다.	
41 | 42	32	**in reality**	사실은 = in fact, as a matter of fact
	33	**use a set of very complex rules**	비슷하게 이뤄진 일련의 아주 복잡한 규칙들을 사용하다
	34	▶ 'it is A that B ~'이 'B인 것은 바로 A다'를 뜻하며 명사, 장소, 시간 등을 강조하는 예 2 The ant may be using a set of very complex rules: **it is** the interaction of these rules with the environment **that** actually [~~produce~~ / produces] the complex trajectory, not the ant alone. 개미는 비슷하게 이뤄진 일련의 아주 복잡한 규칙들을 사용하고 있는 것일 수도 있는데, 복잡한 이동 경로를 실제로 만들어 내는 것은 개미 하나만이 아니라 **바로** 이러한 규칙들의 환경과의 상호작용**이다**. → that 뒤의 동사는 단수 the interaction을 받아 이어져야 하므로, 단수 동사인 produces가 맞다.	
	35	**the interaction of these rules with the environment**	이런 규칙들의 환경과의 상호작용
	36	**produce the complex trajectory**	복잡한 이동 경로를 만들어 내다
	37	31번 설명 참조	
	38	**Put more generally, ~**	좀 더 일반적으로 표현된다면(언급된다면), ~이다
	39	**the parable of the ant illustrates that ~**	개미의 우화는 ~을 분명히 보여준다
		▷ illustrate → 삽화를 넣다, 분명히 보여주다(= explain, make clear), 예로 보여주다(= exemplify)	
	40	**there is no necessary correlation between A and B**	A와 B 사이에 피할 수 없는 상호 연관성은 전혀 없다
		▷ necessary → 꼭 필요한(= essential), 피할 수 없는(= inevitable) / necessitate → 꼭 필요로 하다	

propel [prəpél]

break in(into)

deforestation [di:fɔ̀:rəstéiʃən]

41 | 42	41	**complexity of an observed behavior**	관찰되는 행동의 복잡함
	42	**the complexity of the mechanism that produces it**	그것을 만들어 내는 행동 방식의 복잡함
	43	▶ 단수 명사를 받아주는 it(its), 복수 명사를 받아주는 they(them, their) 3 There is no necessary correlation between the complexity of an observed behavior and the complexity of the mechanism that produces **it**. 관찰되는 행동의 복잡함과 **그것(관찰되는 행동의 복잡함)**을 만들어내는 행동(사고) 방식의 복잡함 사이에 피할 수 없는(필연적인) 상호 연관성은 전혀 없다.	
	44	**Open the Mysterious Door to Environmental Complexity!**	환경의 복잡함을 향해 신비의 문을 열어라!
	45	**Peaceful Coexistence of Human Beings and Animals**	인간과 동물의 평화로운 공존
	46	**What Makes the Complexity of Animal Behavior?**	무엇이 동물 행동의 복잡함을 만들어 낼까?
	47	**Animals' Dilemma: Finding Their Way in a Human World**	동물들의 딜레마: 인간 세계에서 그들의 길을 찾는 것
		▷ dilemma → 결정이 힘든 난처한 상황, 딜레마 / diploma → 성적(졸업) 증명서 / charisma → 카리스마	
	48	**Environmental Influences on Human Behavior Complexity**	인간 행동의 복잡함에 미치는 환경의 영향
43 | 45	1	**not uncommon**	기이한 것이 아닌 → 보통의
	2	**pour down / run-down**	쏟아져 내리다 / 낡고 관리가 안 된, 지친(= worn-out)
		▷ pour → 붓다(따르다), 쏟아져 내리다(흐르다), 인파가 쏟아지듯 들어가거나 나오다	
	3	**for hours and hours**	오랜 시간동안 = for hours on end, for many hours
	4	**pile up very high / pile / compile**	매우 높게 쌓이다 / 더미(로 쌓다) / 모아서 엮다(만들다)
	5 287 v 294	▶ 같은 부사이지만 형태가 다른 주요 단어의 예 Her children got **highly** excited when they saw fully inflated balloons hovering **high** in the sky. 그녀의 아이들은 완전히 부풀려진 기구들이 하늘에 **높게** 떠 있는 것을 봤을 때 **굉장히** 흥분했다. **Lately**, the two mischievous students have come to class **late** three days in a row. **최근에**, 짓궂은 장난을 좋아하는 그 두 학생들이 사흘 연속으로 수업에 **늦게** 왔다. A self-made millionaire who behaved **badly** and had a **bad** reputation wanted the house **badly**. **예의 없게** 행동했고 **나쁜** 평판을 갖고 있던 자수성가한 어느 백만장자가 그 집을 **절실하게(몹시)** 원했다. He tried as **hard** as he could but could **hardly** keep up with the seasoned veterans in the league. 그는 최대한 **열심히** 노력했지만 리그의 경험 많은 베테랑 선수들과 **좀처럼** 보조를 맞출 **수 없었다**.	
	6	**high schooler**	고등학생 = high-school student

구조(구축)하다, 구조 re____

인기를 끌다, 파악하다 c____on

경기(행사)를 보는 관중 sp____

	7	**take online classes**	온라인 수업을 듣다
	8	**normal / abnormal / normally**	일반적인(보통의 = ordinary) / 비정상적인 / 일반적으로
	9	**kindergarten / kindergartener**	유치원 / 유치원에 다니는 어린이
	10	**sneak around**	몰래 돌아다니다
		▷ sneak → 몰래 움직이다 / sneak up on A → A에게 몰래 다가가다 / squeak → 찍·삐걱 소리(를 내다)	
	11	**play policeman**	경찰 놀이를 하다
43 | 45	12 295 v 303	▶ 앞에 콤마가 없는 분사로서 '~하면서' '~해서' 등을 의미하며 문장을 연결하는 예 1 Sean was sneaking around in the house, **playing** home policeman. Sean은 집을 몰래 돌아다니고 있었는데, 집안 경찰 **놀이를 하고 있었다**. → 콤마 뒤에 분사를 쓰면 분사는 주절의 중요한 의미에 이어 정보를 단순히 첨가하는 느낌을 준다. Sean was sneaking around in the house **playing** home policeman. Sean은 집안 경찰 **놀이를 하면서** 집을 몰래 돌아다니고 있었다. → 콤마가 없이 분사를 쓰면 분사가 의미 구성에 상당히 중요한 비중을 갖고 있다는 느낌을 준다. She proposed the legislation **hoping** to curb the pervasive exploitation and abuse at work. 그녀는 직장에 널리 퍼져 있는 착취와 학대를 억제하는 것**을 바라면서** 그 법을 제안했다. → 콤마 없이 현재분사를 연결했으므로, 법을 제안한 것도 중요하지만 '직장에 퍼져 있는 착취와 학대를 억제하는 것을 간절히 바라는 마음'도 문장에서 중요한 비중을 차지하고 있음을 알 수 있다. Protesters flocked to the square **holding up** large portraits of imprisoned or executed civilians. 시위대들은 투옥돼 있거나 처형을 당한 민간인들의 초상화**를 치켜든 채** 광장으로 몰려들었다. → 단순히 몰려든 것이 아니라 '초상화를 치켜든' 상황이 의미 전달에서 중요한 비중을 차지하고 있다.	
	13	**want to know what his family members are up to**	그의 가족이 비밀로 무슨 일을 벌이고 있는지를 알고 싶어 하다
		▷ be up to A → 비밀로 A를 하다, A(기준)에 부합하다, (결정) A에 달려 있다 / up to A → (정도 면에서) A까지	
	14	**check up on A / load up on A**	A를 살펴보다 / A를 많이 먹다, A를 많이 쓸어 담다
	15	**reply**	대답하다(= respond), 대답(= response)
	16	**add a question / beyond question**	질문을 더하다 / 의심의 여지가 없이 분명한(= definte)
		▷ in question → 이슈·문제가 되는(= at issue), 의심스러운(불확실한) / out of the question → 불가능한	
	17	**his face immediately became blank**	그는 바로(= instantly) 멍한(얼빠진) 표정이 됐다
		▷ blank → 텅 빈(= empty), 멍한(얼빠진) / blink → 깜박이다 / stink → 악취(가 나다) / monk → 수도승	
	18	**right away**	즉시 = immediately, instantly, outright, at once
	19	**sense that ~**	~를 알아채다, ~를 낌새채다
	20	**pleased / be pleased to+v**	즐거워하는(= delighted, gratified, glad) / ~해서 기쁘다
		▷ please → 즐겁게 해 주다 / freeze → 얼다, 얼리다 / breeze → 부드러운 바람 / sneeze → 재채기하다	
	21	**get rid of A / grid / lid**	A를 없애다(= do away with, scrap) / 격자, 망 / 뚜껑

rescue [réskjuː]

catch on

spectator [spékteitər]

43 | 45

22	**concentrate on the lesson**	수업에 집중하다 = focus on the lesson
23	**at least till he comes back**	적어도 그가 돌아올 때까지(= until)
24	**check on A**	A를 살펴보다(조사하다) = check up on A, examine A
25	**interfere in their business**	그들의 일에 간섭하다
	▷ interfere with A → A를 방해하다 / interference → 간섭(방해 = intervention, intrusion) ▷ business → 일(용무), 사업, 기업 / mind one's own business → 간섭하지 않고 자기 일에 신경 쓰다 in business → 사업이 운영 중인 / out of business → 사업이 망한(= closed down)	
26	**as if it was his own**	마치 그것이 자신의 것인 것처럼(= as though)
27	**the playful and curious boy**	장난치기를 좋아하고 호기심이 많은 소년
	▷ playful → 장난치기를 좋아하는(= mischievous), 명랑한 / playwright → 극작가 ▷ curious → 호기심이 많은(궁금하게 여기는 = inquisitive) / curiosity → 호기심(= inquisitiveness)	
28	**be interested in A / interest**	A에 흥미를 갖다 / 흥미, 이자(⇒ principal<원금>)
	▷ uninterested → 무관심한(= indifferent) / disinterested → 사적인 편견이 없는(= unbiased), 무관심한	
29	**commit oneself to A**	열정 및 지지 등을 A에 끝까지 바치다
30 304~308	▶ 'no matter ~' 패턴의 예 It will be impossible to bring about a reconciliation between the two sides **no matter what** you do. = It will be impossible to bring about a reconciliation between the two sides **whatever** you do. 당신이 **무엇을** 하**더라도** 두 당사자들 사이에 화해가 생겨나게 하는 것은 불가능할 것이다. **No matter how much** we tried, they manifested a stubborn unwillingness to compromise. = **However much** we tried, they manifested a stubborn unwillingness to compromise. 우리가 **아무리 많이** 노력하**더라도**, 그들은 타협을 꺼리는 완고한 입장을 분명히 보였다. The boy committed himself to studying **no matter where(= wherever)** he was. 그 소년은 자신이 **어디에** 있**더라도** 열정을 공부하는 것에 끝까지 바쳤다.	
31	**secret / secretly / secrecy**	비밀의(= covert) / 비밀로, 몰래 / 비밀 상태, 비밀 유지
32	**he shouted toward the kitchen where Mom was working**	그는 엄마가 일하고 있었던 부엌을 향해 소리를 쳤다
33	**naughty / naughtily**	아이가 버릇없게 말을 안 듣는, 무례한 / 버릇없게
34	**he was mad**	그는 아주 화가 났다 = he was very angry
35	**bother**	성가시게 하다, 신경을 쓰거나 걱정하다, 일부러 ~하다
36	▶ 앞에 콤마가 없는 분사로서 '~하면서' '~해서' 등을 의미하며 문장을 연결하는 예 2 He was studying science **using** a video posted on the school web site. 그는 학교 웹사이트에 올려진 비디오를 **사용해서** 과학을 공부하고 있었다. → 'using ~'은 '~하면서(~해서)'를 뜻하는 현재분사로, 과학을 공부하는 상황을 자연스럽게 연결해 준다. There were a few students **using** a video posted on the school web site. 학교 웹사이트에 올려진 비디오를 **사용하고 있던** 몇 명의 학생들이 있었다. → 이 경우의 'using~'은 상황을 연결하는 기능아 아니라, 명사(a few students)를 수식하는 현재분사다.	

타박상을 입히다, 멍 **br___**

갑자기 등장(성장)하다 **s___ up**

특유의 지형(지세) **te___**

문항	번호	표현	뜻
	37	▶ '명사 + 과거분사 ~'로 '~된(되는)'을 뜻하며 수동 관계로 명사를 수식하는 패턴의 예 7 He was studying science using a video **posted** on the school web site. = He was studying science using a video **(which was) posted** on the school web site. 그는 학교 웹사이트에 **올려진** 비디오를 사용해서 과학을 공부하고 있었다.	
	38	**make an angry face at ~**	~에게 화난 표정을 짓다
	39	**be located next to the kitchen**	부엌 옆에 위치하다
43–45	40	**lecture / lecture video**	강의, 심한 꾸중(= scolding) / 강의 비디오
	41	**argue against A**	A에 반박하는 주장을 하다
	42	**accusation**	비난, 고소(고발 = lawsuit)
	42	▷ accuse A of B→ A를 B로 비난하다(= blame A for B), A를 B로 고소하다(put A on trial on charges of B)	
	43	**mischievous / mischief**	장난을 좋아하는(= playful), 짓궂은 / 짓궂은 장난기
	44	**tongue / stick one's tongue out at ~**	혀, 언어(⇒ mother tongue<모국어>) / ~에게 혀를 내밀다
	44	▷ stick out → 돌출되다, 눈에 띄다(= stand out, catch the eye) / stick out A → A를 내밀다	

bruise [brú:z]

spring up = shoot up

terrain [təréin]

수능 어휘 플러스 308

001	prospect / prospective	가능성(= possibility, likelihood), 전망 / 향후 가능성이 있는
002	set off	여행을 떠나다(= set out<forth>), 촉발시키다, (경보) 울리다
003	lifelong / belong / prolonged	평생 계속되는 / 소속되다, 속하다 / 장기간의(= lengthy)
004	journey	여행(= trip), (다양한 변화 및 경험 등을 포함한) 삶의 여정
005	sibling / spouse / in-law	형제자매 / 배우자 / 혼인으로 연결된 인척
006	pros and cons	특정 이슈에 대한 찬반양론(장단점 비교)
007	proper / improper / property	적절한(= appropriate) / 부적절한(= inappropriate) / 재산, 특성
008	in advance	미리(사전에) = beforehand
009	expedition	원정 탐험 = exploration, journey, voyage
010	Antarctic / Antarctica	남극의(↔ Arctic<북극의>) / 남극대륙
011	inferior / superior	열등한(= substandard) / 월등한(= surpassing)
012	nothing but A / anything but A	오직 A만(= no more than A) / 결코 A가 아닌(= far from A)
013	groundless / groundbreaking	근거 없는(= baseless, unfounded) / 획기적인(= innovative)
014	myth / mythical	잘못된 믿음(= fallacy), 신화 / 신화적인, 상상에만 있는
015	geometry / algebra / arithmetic	기하학 / 방정식 등을 다루는 대수학 / 산수, 산수의
016	excel	남보다 월등히 뛰어나다 = surpass, outdo, be superior to ~
017	relevant / irrelevant	관련된(= related), 적절한 / 관련되지 않은(= unrelated)
018	renew / renewal / renewable	다시 새롭게 하다, 갱신하다 / 재건, 갱신 / 재건(갱신) 가능한
019	(just) in case / in case + 주어 + 동사	만약의 상황에 대비해 / …가 ~하는 경우에(경우에 대비해)
020	A··· whereas B~ / Whereas B~, A···	A는 …인데, 반면에 B는 ~이다 / B는 ~인 반면에, A는 …이다
021	seldom / random	거의 ~하지 않는 = rarely, hardly, scarcely / 무작위의
022	not·seldom 등 부정어 + lift a finger	손 끝 하나 까딱하지 않다, 아무런 노력도 하지 않다
023	quota / quote / quotation	할당(량) / 다른 사람의 말 등을 인용하다(= cite), 인용 / 인용
024	passage	연결 통로, 통과, 짧은 문장 및 발췌문(= extract)
025	edible / audible / visible / invisible	식용의 / 들리는 / 보이는 / 안 보이는(= undetectable)
026	esteem / self-esteem	존경(= respect), 존경하다(= admire) / 자존감, 자부심
027	elegant / arrogant / arrogance	우아한(= graceful, stylish) / 거만한(= conceited) / 거만함
028	cynical / cynicism	사람을 이기적이고 기만적으로 보며 냉소적인 / 냉소주의
029	skeptic / skeptical / skepticism	회의적인(의심이 많은) 사람 / 회의적인 / 의심(= disbelief)

비난하다, 유죄판결을 내리다 co___

천문학의, 수량이 엄청난 as___

영토, 영역, 담당 지역 ter___

condemn [kəndém]

astronomical [æstranámikəl]

territory [térətɔ̀ːri]

030	comment / comment on A	언급(발언 = remark) / A에 대해 언급하다(= remark on A)
031	geography / geology / geologist	지리학, 지형 / (암석 등을 연구하는) 지질학 / 지질학자
032	devoid of A	A가 전혀 없는 = without A, free from A
033	practical / impractical	상상이 아닌 실질적인, 실용적인 / 비실용적인, 비합리적인
034	utilize / utility / hostility / facility	이용하다 / 수도·전기 등 공공 서비스, 유용성 / 적대감 / 시설
035	speechless / baseless	충격 등으로 말문을 열지 못하는 / 근거 없는(= groundless)
036	take heart / wholehearted	(부정적 생각을 잊고) 다시 용기를 찾다 / 열정(진심)이 가득한
037	resume / resumption / résumé	재개하다(= restart), 다시 돌아가다 / 재개 / 이력서
038	proceed / proceeds	계속 나아가다(= come along, go ahead, carry on) / 수익금
039	statistic / statistics / statistical	통계 / 통계학 / 통계적인
040	shed(cast, throw) light on A	다양한 정보를 제공해 A를 잘 이해하도록 돕다(= spell out)
041	occupy / occupied / occupation	차지하다, 몰두하다 / 정신이 딴 곳에 있는 / 점유, 직업
042	horizon / horizontal / on the horizon	수평(지평)선 / 지면과 평행한, 수평의 / 조만간 곧, 가까이
043	rack / crack / firecracker	선반 / 갈라진 금, 갈라지다(= split, fracture) / 폭죽
044	deem / be deemed (to be) A	~라고 여기다(= think of, consider) / A라고 여겨지다
045	vertical / optical	수직의 / 눈의(시각의), 광학의
046	deny / denial / undeniable	부인(부정)하다 / 부인(부정) / 부인할 수 없는(= undisputed)
047	vocation / vocational	사명감을 갖고 하는 직업(천직 = calling) / 직업의
048	get(put) A across to B	A(아이디어 등)를 B에게 분명히 이해시키다
049	contract	계약, 계약서, 수축하다(= shrink), 병에 걸리다, 계약하다
050	astronomy / astronomer / astronaut	천문학 / 천문학자 / 우주비행사
051	stress	스트레스, 강조, 강조하다(= emphasize, accentuate)
052	dwarf / be dwarfed by A	난쟁이, 크기로 압도하다 / A의 크기에 압도돼 작게 보이다
053	convict / conviction	유죄 판결을 내리다, 죄수 / 유죄 판결, 확신(= strong belief)
054	consult / consultation / consultant	전문가와 상담하다, 논의하다 / 상담 / 상담전문(컨설턴트)
055	radiate / radiation / radiant	중심에서 퍼져 나가다, 발산하다 / 방사, 방사능 / 빛나는
056	penetrate / penetration	관통하다(= pierce, puncture), 침투하다(= infiltrate) / 관통
057	atmosphere / atmospheric	행성을 둘러싸고 있는 대기, 분위기 / 대기의
058	astonish	깜짝 놀라게 하다 = amaze, astound, surprise, startle, stun
059	limb / limp	팔과 다리(사지), 큰 가지 / 절뚝거리며 걷다, 힘겹게 가다
060	embark on A	A(여행)를 시작하다, A(장기적인 프로젝트 등)에 착수하다

061	perilous / peril / apparel / petal	위험한(= hazardous) / 위험(= hazard) / 의류(= attire) / 꽃잎
062	take the initiative (in ~)	(~하는 데) 남들보다 앞서 주도적으로 나서다
063	undertake / overtake / intake	떠맡아 착수하다, 보장하다 / 따라잡다, 엄습하다 / 섭취, 흡입
064	backbreaking / backbiting	육체적으로 고된(= exhausting, laborious) / 험담, 뒷담 화
065	seek out A	A를 찾다(물색하다) = search for A, look for A
066	execute / execution / executive	실행하다(= carry out), 처형하다 / 실행, 처형집행 / 임원(의)
067	tactic / tactical	전쟁 등의 목표 성취를 위한 방법 및 전략 / 방법(전략)상의
068	against all odds / at odds with A	모든 역경을 딛고 / A와 의견이 대립하는
069	fulfill	약속 등을 실행하다, 성취하다 = achieve, realize, carry out
070	pledge	약속(맹세), 약속·맹세하다(= swear, vow, give one's word)
071	conquer / conqueror / conquest	정복하다 / 정복자 / 정복
072	peak / peek	정상(= summit), 최고 위치에 이르다 / 몰래 엿보다(= peep)
073	feat / feast / fist / mist / wrist	대단한 성취(위업) / 성대한 음식 / 주먹 / 안개 / 손목
074	fable / feeble / pebble	동화 / 노쇠·질병 등으로 허약한(= weak, frail) / 자갈
075	backbone	척추(= spine), 근본이 되는 주요 요소(주축 = foundation)
076	constant	변하지 않는(= consistent, invariable), 끊임없는(= ceaseless)
077	controversy / controversial	논쟁(의견의 불일치 = dispute) / 논쟁을 불러일으키는
078	notwithstanding A	A에도 불구하고 = despite A, for all A, in spite of A
079	rinse / convince / convinced	헹구다 / 납득시키다, 설득하다(= persuade) / 확신하는
080	complement / implement	보완(보충), 보완(보충)하다 / 실행하다(= carry out), 도구
081	now that + 주어 + 동사	…가 ~하기 때문에 = because(since, as) + 주어 + 동사
082	mention	짧게 언급하다(= refer to, touch on<upon>), 짧은 언급
083	turn up / turn up to vote	나타나다(= show up) / 투표하러 나오다(투표에 참가하다)
084	surgeon / physician / physicist	외과의사 / 내과의사 / 물리학자
085	flame / blame / be to blame (for ~)	불꽃, 화염 / 비난하다 / (~ 때문에) 비난을 받을 만하다
086	tragic / tragedy / remedy	비극적인(= disastrous) / 비극, 참사(= disaster) / 치료(하다)
087	in that + 주어 + 동사	…가 ~라는 점에서 = in the sense that + 주어 + 동사
088	prescribe / prescription	처방하다, 공식 규정하다 / 처방, 공식적 권장(권고)
089	sleeping pill / sleep deprivation	수면제 / 수면 부족
090	encounter	우연히 마주치다, 어려움 등에 맞닥뜨리다, 우연한 만남
091	the number of A / a number of A	('학생들의 수'처럼) A의 수 / 몇몇의 A(= several A)

감정을 불러일으키다 ev___

~을 근거로 on the g___ that ~

영토의, 텃세를 부리는 te___

evoke [ivóuk]

on the grounds that ~

territorial [tèrətɔ́:riəl]

092	obstacle	장애물 = hindrance, barrier, hurdle
093	assimilate / assimilation	완전히 이해하다, 동화시키다, 적응하다 / 완전한 이해, 동화
094	conserve / conservative	보호(보존)하다 / 보수적인, 실제의 수량보다 적게 추정한
095	tremble	공포 및 추위 등으로 떨다 = shake, shiver, shudder
096	stare (at A) / glare at A	눈을 크게 뜨고 (A를) 응시하다 / 매섭게 A를 응시하다
097	injure / injured / injury / jury	부상을 입히다 / 부상을 입은 / 부상 / (법정) 배심원단
098	crawl / scrawl	엉금엉금 기어가다(= creep, go on all fours) / 휘갈겨 쓰다
099	stimulate / stimulation / stimulus	자극하다(= encourage, stir) / 자극 / 자극제(복수: stimuli)
100	defy / defiant / defiance	저항(반항)하다, 불가능하게 하다 / 저항(반항)하는 / 반항
101	disrupt / disruption / disruptive	진행을 방해하다(= disturb, interrupt) / 방해 / 방해하는
102	contemporary	현대의(= present-day), 동시대의, 동시대의 사람
103	prototype / stereotype / stereotypical	원형(첫 모델) / 고정관념(으로 접근하다) / 고정관념으로 보는
104	aspire / aspiration	되고 싶거나 이루고 싶어 간절히 열망하다 / 간절한 열망
105	psychiatry / psychiatrist	정신의학, 정신과 / 정신과 의사
106	delicate / dedicate / dedication	정교한, 섬세한 / 바치다, A를 B에 바치다(~ A to B) / 헌신
107	consecutive / executive	연속되는(= successive, sequential) / 임원, 임원의
108	brutal / brutality	잔혹한(= cruel, savage, barbaric, ruthless) / 잔혹함
109	provoke / provocative	부정적 감정을 불러일으키다(= arouse) / 자극(도발)적인
110	rage / outrage / outrageous	분노 / 분노(= fury, wrath), 분노하게 하다 / 분노를 유발하는
111	commit A / commit A to B	A(범죄 등)를 저지르다 / A를 B에 헌신하다(배치·배정하다)
112	altitude / latitude / longitude	고도(= elevation, height) / 위도 / 경도
113	swirl / swarm	소용돌이치다(= whirl), 소용돌이 / 몰려들다, 무리(떼)
114	plunge	높은 곳에서 떨어지다(= dive), 갑자기 떨어지다(= plummet)
115	classify / classification / classified	분류하다 / 분류 / 분류된, 소수만 알고 있는 극비의
116	explode / explosion / explosive	폭발하다 / 폭발 / 폭발하는(폭발력 있는), 폭발물
117	erupt / eruption	분출하다, 갑자기 발발하다(= break out) / 분출
118	misbehave / misbehavior	그릇된 행동을 하다 / 그릇된 행동(= misconduct)
119	A is one thing, but(and) B is another	A와 비교해 B는 완전히 다른 (더 중요하고 심각한) 것이다
120	discipline	규율에 따라 훈련시키거나 벌하다, 규율, 훈련, 벌, 학과
121	supervise / supervision / supervisor	관리(감독)하다 / 관리(감독) / 관리(감독)자
122	amount to A	A(특정 합계 및 결과 등)에 이르다, A와 같다(마찬가지다)

123	refrain from A / sprain	A를 하고 싶지만 삼가다(= abstain from A) / 삐다, 접질림
124	poultry	육류나 알을 얻기 위해 길러지는 닭이나 오리 등 가금류
125	transparent / transparency	투명한, 분명한(= obvious), 정직한 / 투명함, 분명함
126	skid / squid / liquid / liquor	표면에서 미끄러지다 / 오징어 / 유동체(액체 = fluid) / 술(주류)
127	consist of A	A로 구성되다 = be made up of A, be composed of A
128	dissolve / dissolved	액체에 용해시키다, 관계 등을 끝내다(= terminate) / 용해된
129	vapor / evaporate / evaporation	수증기 / 증발하다 / 증발
130	swift / swiftly	빠른(= quick, prompt, rapid, sudden, immediate) / 빠르게
131	imitate / hesitate / hesitant	모방하다 / 주저하다 / 주저하는(= reluctant, indecisive)
132	modify / modification	일부를 수정하다(= alter, amend, revise) / 수정(= revision)
133	content / discontent / contentment	내용, 만족한(= contented, satisfied) / 불만족한, 불만 / 만족
134	ambiguous / unambiguous / ambiguity	애매한(= equivocal, obscure, vague) / 분명한 / 애매함
135	cope with A	A에 대처하다, A에 대한 해결책을 찾기 위해 노력하다
136	finance / financial	금융, 재정(자금 = capital), 자금을 대다 / 금융의, 금전적인
137	crisis / oasis	위기 / 사막의 오아시스, 혼란(혼잡) 속에서의 휴식처
138	loom	갑자기 크게 다가오다, 점점 다가오다, 천을 짜는 베틀
139	autograph / autobiography	자필 서명(을 하다) / 자서전(⇒ biography: 전기, 일대기)
140	reveal / conceal / seal	드러내다(= disclose) / 숨기다(= veil, cover up) / 밀봉하다, 도장
141	nourish / nursing home	영양분을 주다, 키우다(= nurture, foster) / 양로원, 요양원
142	replicate / replication / replicable	복제(복사)하다, 모방하다 / 복제(복사), 모방 / 복제 가능한
143	triumph / triumphant	대승리(를 거두다) / 크게 승리(성공)한, 승리(성공)에 도취한
144	due to A / due / overdue / undue	A 때문에 / 기한이 된, 적절한 / 기한이 지난, 연체된 / 과도한
145	predict / predictable / unpredictable	예측하다(= foretell) / 예측할 수 있는 / 예측할 수 없는
146	fluctuate / fluctuation	수량이 불규칙하게 상하로 변동하다 / 불규칙한 변동
147	parcel / fossil / fossil fuel	꾸러미(소포 = package) / 화석 / 석탄 등 화석 연료
148	swear(> swear – swore – sworn)	맹세하다(= pledge, vow), 분명히 단언하다, 욕하다(= curse)
149	abide by A	준수하다(지키다) = comply with A, conform to A, observe A
150	constrain / constraint	제한하다(= limit, restrict, restrain) / 제약(제한 = restraint)
151	sacrifice / spice / spicy	희생, 희생하다 / 향신료 / 매운
152	cherish / cherished	소중히 여기거나 간직하다 / 소중히 여겨지는, 소중한
153	in the face of A / in the black[red]	A에 직면할 때, A에도 불구하고 / 흑자[적자] 상태인

매혹하다, 사로잡다 enc____

A를 막다(피하다) w____ off A

잘 인식(유념)하고 있는 mi____

enchant [intʃǽnt] = captivate

ward off A = fend off A

mindful [máindful]

154	recent / decent / indecent	최근의 / 예의 바른, 만족스럽고 좋은, 적절한 / 예의 없는
155	blunt	날이 무딘(= dull), 직설적이고 무뚝뚝한(= straightforward)
156	may well + 동사원형	~하는 것도 당연하다, ~일 것이다(= may very well ~)
157	offend / offended / offensive	감정을 해치다, 위반하다 / 감정이 상한 / 감정을 상하게 하는
158	humiliate / humiliated / humiliation	모욕감을 주다 / 모욕감을 느끼는 / 모욕감
159	admiral / admire / admiration	해군 제독 / 존경하다(찬사를 보내다), 감탄하다 / 존경, 감탄
160	mayor / prayer / layer	(시의 행정을 책임지는) 시장 / 기도 / 층(을 이루게 하다)
161	daunt / undaunted	두렵게 하다(위협하다 = intimidate) / 위축되지 않고 단호한
162	determined / determination	단호히 결심한 / 단호한 결단력(= resolution)
163	root out A	A를 뿌리뽑다 = eradicate, eliminate, weed out, do away with
164	corrupt / corruption	부패한 / 부패
165	antisocial / antibiotic / antibody	반사회적인, 비사교적인 / 항생제 / 질병과 맞서는 항체
166	bead / seed / deed / misdeed	구슬 / 씨, 씨를 뿌리다(= sow) / 행위 / 부도덕(불법) 행위
167	overhear / hearing	우연히 엿듣다(= hear ~ by chance) / 청력, 공청회(청문회)
168	murmur	낮고 작은 소리로 중얼거리다(= mumble), 중얼거리는 소리
169	bust / burst / burst out A	고장 내다, 부수다 / 터지다, 파열 / 갑자기 A를 시작하다
170	all of a sudden / all told	갑자기(= suddenly, abruptly, (all) at once) / 다 합해(= in all)
171	direct / direction / director	직접적인, 이끌다, 감독하다/ 방향, 감독 / 책임자, 감독
172	withstand / withhold	저항하고 견디다(= hold up against) / 주지 않다, 억제하다
173	pop up / hop / mop / chop	불쑥 나타나다 / 깡충 뛰다 / 대걸레(로 닦다) / 잘게 썰다
174	with(in) regard to A / in this regard	A와 관련해 말하면 / 이런 면에서(= in this respect<aspect>)
175	athletic / aesthetic / aesthetics	운동의(⇒ athlete<운동선수>) / 미적인(= artistic) / 미학
176	captivate / captive / captivity / cavity	사로잡다(= fascinate, enchant) / 포로, 사로잡힌 / 속박 / 충치
177	dialogue / intrigue / intriguing	대화 / 호기심을 끌다(= fascinate, captivate) / 호기심을 끄는
178	phase / phrase	과정의 단계 및 시기(= stage) / 문장의 문구, 짧은 표현
179	undergo / cargo	겪다(경험하다 = experience, go through) / 화물, 짐
180	radical	급진적인(완전히 다른), 중요하고 근본적인(= fundamental)
181	transform / transformation	완전히 바꾸다(= alter, modify, convert) / 완전한 변화
182	reorganize / reorganization	재편성하다, 조직 등을 개편하다 / 재편성, 조직 개편
183	put off A	A를 미루다(= postpone, delay), A에게 반감을 유발하다
184	voyage	긴 여행(바다로 떠나는 항해), 긴 여행을 하다(항해하다)

185	tide / tidal	조수(밀물<flow>과 썰물<ebb>) / 조수의(밀물과 썰물의)
186	infect / infected / infection	감염시키다 / 감염된 / 감염(= contagion)
187	mild	강하지 않고 온화한(= gentle, temperate, moderate)
188	symptom / phantom / bottom	증상 / 유령 / 바닥, 최하위, 엉덩이(= buttocks)
189	recover / recovery	회복하다(= bounce back), 되찾다(= retrieve, take back) / 회복
190	unsettled	집중할 수 없고 불안한 = worried, restless, uneasy
191	engage in A / be engaged in A	A에 참여하다 / A에 관여되다(= be involved in A), A로 바쁘다
192	eager / be eager to+v	열렬한(간절한 = anxious) / 열렬히(열렬히) ~하고 싶어 하다
193	mediate / mediation / mediator	대립·갈등 등에 개입해 중재하다 / 중재 / 중재자
194	friction / addiction	표면 등의 마찰, 갈등(대립 = discord, conflict) / 중독
195	subside	잠잠해지다(가라앉다 = let up), 수위 등이 낮아지다(= recede)
196	graduate / gradual / gradually	졸업하다 / 점진(단계)적인, 경사가 급하지 않은 / 점진적으로
197	livestock / stock	소, 돼지 등 가축 / 재고(품), 저장, 주식, 비축하다(채우다)
198	be accustomed to A	A에 익숙하다 = be used to A
199	graze / blaze	풀을 뜯어먹다(뜯어먹게 하다) / 화염, 밝게 타오르다(= glare)
200	cattle / rattle / riddle / idle	(가축) 소 / 덜컹거리다 / 수수께끼 / 게으른, 빈둥거리다
201	pasture / posture	목초지 / 자세, 접근법(관점 = attitude, stance, point of view)
202	urban / urbanization / suburban	도시의(↔ rural<농촌의>) / 도시화 / 도시 외곽의, 교외의
203	dwell / dweller / dwell on(upon) A	살다(= reside, live) / 거주자, 서식 동물 / A를 오래 생각하다
204	fragrance / insurance / reassurance	향, 향수(= perfume) / 보험 / 근심을 덜도록 안심시키는 말
205	coincide / coincidence	완전히 일치하다, 동시에 발생하다, / 우연의 일치, 동시 발생
206	reprimand A for B / referee	B(잘못)에 대해 A를 꾸짖다 = scold A for B / 심판, 주심
207	apprentice	견습생(실습생), 견습(실습)하다, 실습을 하게 해 주다
208	illusion / feed an illusion	착각(= delusion, misconception), 착시 / 착각을 부추기다
209	colleague	동료 = fellow worker, co-worker
210	take A for granted / take A by storm	A를 당연하게 여기다 / A를 사로잡다, A를 급습해 차지하다
211	abstain from A	A를 삼가다, A를 하고 싶지만 안 하다= refrain from A
212	be diagnosed with A / diagnosis	A로 진단을 받다 / 진단(⇒ misdiagnosis: 오진, 틀린 진단)
213	diabetes	당뇨, 당뇨병
214	laboratory / dormitory / auditory	실험실(= lab) / 기숙사 / 청각의
215	chemical / chemistry / chemist	화학의, 화학물질 / 화학 / 화학자

꼬집다, 세게 압박하다 pi____

한쪽을 편들다 take s____

생각(감정, 관심)이 없는 mi____

216	synthesize / synthesis / synthetic	합성하다(= integrate, incorporate, fuse) / 합성 / 합성의
217	substance / substantial / substantive	물질 / 정도가 상당한(= considerable) / 실재(사실)의, 중요한
218	poised / be poised to+v[for ~]	준비가 된 / ~할 준비가 되다(= be ready to+v[for ~])
219	pretend / pretense / pretentious	~인 척하다(= fake) / ~인 척하기 / 허세를 부리는(= affected)
220	awkward	어색하고 불편한(= uneasy, embarrassed), 서툰(= clumsy)
221	out of place / in place of A / in place	못 어울리거나 불편한 / A 대신 / 시행(가동)되는, 제 위치에
222	negotiate / negotiation	합의를 이루려고 협상하다, 장애물 등을 헤쳐 나가다 / 협상
223	candidate / candid	선거 후보자, 구직 지원자(= applicant) / 솔직한(= frank)
224	let go / let go (of) A = let A go	자유롭게 마음껏 행동하다 / A를 붙들지 말고 놓아주다
225	contrary / contrary to A	반대의(= opposite, contradictory) / A와는 반대로
226	pupil	학생, 제자(= disciple), 눈의 동공
227	embrace / race	포옹하다(= hug), 받아들이다(= accept) / 경주, 인종
228	imply / implication	함축·암시하다(=suggest) / 함축적 의미(암시 = suggestion)
229	prophecy / prophesy / prophet	예언(= prediction) / 예언하다(= predict) / 예언자
230	ignore / snore	무시하다(고려하지 않다 = disregard) / 코를 골다
231	put forward(forth) A / put out A	A를 제안하다(= propose A) / A(불)를 끄다(= extinguish A)
232	hypothesize / hypothesis	가설로 제시하다(= suggest, put forth) / 가설(= theory)
233	plausible	주장 등이 그럴듯한 = credible, reasonable, feasible
234	lest + 주어 + (should) + 동사원형	…가 ~하지 않도록, …가 ~할까 봐 두려워(걱정돼)
235	disregard	무시하다 = ignore, pay no attention to, take no notice of
236	endeavor / flavor / fever	끊임없이 노력(시도)하다, 끊임없는 노력 / 맛 / 열, 열풍
237	remote	멀리 외따로 떨어진, 외딴 = isolated, faraway, distant
238	meadow / widow	초원 = grassland, pasture / 과부
239	meditate / meditate on A / meditation	명상하다 / A에 대해 신중히 생각해 보다 / 명상
240	dusk / dawn	해질녘 / 동이 틀 때(= daybreak, break of day), 시작
241	lump / dump / bump / bump into A	덩어리 / 버리다 / 부딪치다 / A를 우연히 만나다(= run into A)
242	on the whole / as a whole	대체적으로(= in general, overall) / 부분이 아닌 전체적으로
243	compassion / compassionate	동정심(= pity, sympathy) / 동정심이 많은(= sympathetic)
244	casualty / penalty / faculty / guilty	사상자(= victim) / 처벌, 벌금 / 교직원, 능력 / 죄가 있는
245	ruin / ruined / ruinous	파괴하다(= devastate), 파괴(된 유적) / 폐허가 된 / 파괴적인
246	palace / palatial	궁전 / 궁전처럼 웅장하고 인상적인

pinch [pintʃ]

take(pick, choose) sides

mindless [máindləs]

247	comprehensive / apprehensive	광범위한(= wide-ranging, all-inclusive) / 근심하는(= anxious)
248	restore / restoration	회복하다, 복구(복원)하다 / 회복, 복구(복원)
249	shield	방패, 차단(보호), 막다(= prevent), 보호하다(= protect)
250	nasty / dynasty	불쾌한(= unpleasant, disagreeable), 끔찍한(= cruel) / 왕조
251	mercy / merciful / merciless	용서와 도움을 베푸는 자비 / 자비를 베푸는 / 무자비한
252	deprive(strip) A of B / deprivation	A로부터 B를 빼앗다(박탈하다) / 박탈, 결핍된 상태
253	precious	가치 있고 소중한 = valuable, valued, cherished
254	adverse / adversity / adversary	좋지 않은(불리한) / 역경(불운 = hardship) / 적(= opponent)
255	mine / gold mine / miner	나의 것, 광산, 지뢰(= land mine), 채굴하다 / 금광 / 광부
256	name A after ~ / in the name of ~	~의 이름을 따서 A의 이름을 짓다 / ~을 이유로, ~을 위해
257	renowned	저명한 = famous, famed, celebrated, distinguished, eminent
258	compose / composition / composer	작곡(작문, 구성)하다 / 작곡(작문, 구성) / 작곡가, 작가
259	notorious / notoriety	부정적인 것으로 잘 알려진(악명높은 = infamous) / 악명
260	transact / transaction	사고 파는 거래를 하다 / 사고 파는 거래, 거래 행위
261	clarify / clarification	분명히 설명하다(= make clear, spell out) / 분명한 설명
262	afford / can[can't] afford / affordable	감당할 만하다 / 감당할 수 있다[없다] / (가격 등) 감당할 만한
263	deposit	계좌에 돈을 예치하다, 흙 등을 퇴적시키다, 예치금, 보증금
264	crucial	아주 중요한(= essential, vital, imperative), 결정적인(= decisive)
265	comprehend / comprehension	이해하다(= understand, grasp, take in, make sense of) / 이해
266	immune / immunity / immunize	면역의, 영향을 안 받는 / 면역, 면제 / 면역력을 갖게 하다
267	underlie A / underlying	A의 중요한 바탕을 형성하다 / 바탕이 되는(= fundamental)
268	civil / civilize / civility / civilian	시민의, 공손한 / 교양을 가르치다, 개화시키다 / 예의 / 시민
269	perish / polish	죽다(= die), 사라지다(= disappear, vanish, fade) / 윤을 내다
270	in terms of A / on A's own terms	A를 바탕으로, A의 관점에서 / A가 원하는 방식으로
271	avenue / revenue	큰 길(대로), 방법 / 수입(= income, earning, proceeds), 세입
272	ex-employer / ex-husband / ex-wife	이전 고용주 / 전남편 / 전처
273	vulnerable / vulnerability	취약한(쉽게 영향 받는 = susceptible) / 취약한 면, 취약성
274	anecdote / antidote	특정 사건(상황)을 담은 흥미로운 이야기, 일화 / 해독제
275	intuitive / intuition / counterintuitive	직관·본능적인(= instinctive) / 직관, 본능 / 직관과 반대되는
276	compliment / complimentary	칭찬, 칭찬하다(= praise) / 칭찬하는, 무료의(= given for free)
277	dreadful / dread / thread	불쾌하고 끔찍한 / 두려워하다, 공포 / 실(을 꿰다), 뚫고 가다

깜짝 놀라게 하다 st____

지워 놓다, 모아 두다 set a____

주요 작물, 주요한(기본의) st____

278	A dawn on B	A가 드디어 B에게 이해되기 시작하다
279	stand for A	A를 상징하다(나타내다 = mean), A를 지지하다(= advocate)
280	cliff / sniff / stiff / steep	절벽 / 코를 킁킁거리다 / 뻣뻣한 / 가파른, 변동이 급격한
281	scope / slope / envelope / envelop	범위(= range) / 경사 / 봉투 / 감싸다(= wrap), 둘러싸다
282	summit	정상(= peak), 절정(= highlight), 국가 정상회담
283	plateau	고원, 변화가 없는 정체 상태, 정체 상태에 도달하다
284	density / dense / condense	밀도 / 빽빽한(↔ sparse<드문, 희소한>) / 요약(농축)하다
285	conform to(with) A / confirm	A를 준수하다(= comply with A, abide by A) / 확인하다
286	norm / numb	특정 집단의 일반적 규범 / 마비된, 충격으로 멍해진
287	inflate / inflation	부풀다(부풀리다), 과장하다 / 팽창, 인플레이션(통화 팽창)
288	hover	정지한 채 공중에서 맴돌다, 근처에 머물러 있다
289	row / in a row	노를 젓다(= paddle), 줄, 좌석 열 / 연속해서(= back to back)
290	self-made / self-taught / self-denial	자수성가한 / 독학한 / 욕구 등을 참는 자기 억제
291	reputation / reputable / disreputable	평판(명성) / 평판이 좋은 / 평판이 나쁜(= notorious, infamous)
292	keep up(pace) with / catch up with	함께 보조를 맞추다 / 따라잡다, 악영향을 끼치기 시작하다
293	seasoned	경험이 많은(노련한 = experienced), 양념이 많이 들어간
294	bet / vet / veteran	내기, 걸다, 확신하다 / 수의사(= veterinarian) / 퇴역 군인, 베테랑
295	legislate / legislation / legislator	법을 만들다 / 법, 법률 제정 / 국회의원 등 법률 제정자
296	curb	억제하다(막다 = restrain, keep ~ in check), 제한, 도로 턱
297	pervade / pervasive	넓게 퍼지다 / 넓게 퍼져 있는(= prevalent, widespread)
298	exploit / exploitation	최대한 활용하거나 착취하다(= take advantage of) / 착취
299	abuse	오용·남용하다(= misuse), 학대하다(= mistreat), 남용, 학대
300	protest / protester	반대하다, 항의하다, 반대, 시위 / 반대자, 시위대
301	flock	떼(무리), 군중(= crowd, mob), 떼를 지어 몰려들다(= swarm)
302	square / pentagon / hexagon	정사각형, 건물들로 둘러싸인 사각형 광장 / 오각형 / 육각형
303	poison / prison / prisoner / imprison	독, 독약 / 감옥 / 수감자 / 수감하다(가두다)
304	bring about A / bring out A	A를 유발하다 / A를 돋보이게 하다, A(작품)를 만들어 내다
305	reconcile / reconciliation	화해하다 / 화해
306	manifest / manifestation	분명한, 분명히 보여주다(= demonstrate) / 드러냄, 나타난 모습
307	newborn / stubborn / stubbornness	갓 태어난, 신생아 / 완고한(= obstinate) / 완고함(= obstinacy)
308	compromise	타협, 타협하다, 훼손하다(= damage, impair, undermine)

2021학년도 대학수학능력시험

영어영역(홀수형) 핵심 번호식별 문제지

2021학년도 대학수학능력시험

영어영역(홀수형) 핵심 번호식별 문제지

1번부터 17번까지는 듣고 답하는 문제입니다. 1번부터 15번까지는 한 번만 들려주고, 16번부터 17번까지는 두 번 들려줍니다. 방송을 잘 듣고 답을 하시기 바랍니다.

1. 다음을 듣고, 남자가 하는 말의 목적으로 가장 적절한 것을 고르시오.

① 헬스클럽 할인 행사를 안내하려고

② 동영상 업로드 방법을 설명하려고

③ 스포츠 중계방송 중단을 예고하려고

④ 체육관 보수 공사 일정 변경을 공지하려고

⑤ 운동 방법에 관한 동영상 채널을 홍보하려고

*M: Hello, viewers. Thank you for **clicking** [1] on this video. I'm Ronnie Drain, and I've been a **personal fitness trainer** [2] for over 15 years. Today, I'd like to tell you about my channel, Build Your Body. On my channel, you can watch videos showing you how to do **a variety of** [3] exercises that you can do at home or at your office. If you've **experienced difficulty** [4] **exercising regularly** [5], my videos can **provide** [6] easy **guidelines** and **useful resources** [7] on **exercise routines** [8]. New videos will be **uploaded** [9] every Friday. Visit my channel and build a stronger, healthier body.*

---

2. 대화를 듣고, 여자의 의견으로 가장 적절한 것을 고르시오.

① 별 관찰은 아이들이 수학 개념에 친숙해지도록 도와준다.

② 아이들은 별 관찰을 통해 예술적 영감을 얻는다.

③ 야외 활동이 아이들의 신체 발달에 필수적이다.

④ 아이들은 자연을 경험함으로써 인격적으로 성장한다.

⑤ 수학 문제 풀이는 아이들의 논리적 사고력을 증진시킨다.

W: Good morning, Chris.

M: Good morning, Julie. How was your weekend?

*W: It was wonderful. I went to an event **called Stargazing Night** with my 7-year-old son.*

*M: Oh, so you went **outdoors** to **look up at** stars. Your son **must have had** a great time.*

*W: Yes. And I think it **helped** my son **become familiar with mathematical concepts**.*

*M: Interesting! How does it **do** that?*

*W: **By counting** the stars together, my son had a chance to **practice counting** to high numbers.*

*M: Ah, **that makes sense**.*

*W: Also, he enjoyed **identifying shapes** and **tracing patterns** that stars form together.*

*M: **Sounds like** you had a **magical** and **mathematical** night!*

*W: Absolutely. I think looking at stars is a good way **for kids to get used to** mathematical concepts.*

*M: Maybe I should **take** my daughter **to** the event next time.*

---

3. 대화를 듣고, 두 사람의 관계를 가장 잘 나타낸 것을 고르시오.

① 학생 - 건축가
② 신문 기자 - 화가
③ 탐험가 - 환경 운동가
④ 건물 관리인 - 정원사
⑤ 교사 - 여행사 직원

*M: Hello, Ms. Watson. Thank you for **accepting** my **interview request**.*

*W: **My pleasure**. You must be Michael from Windmore High School.*

*M: Yes. **I'm honored to** interview the person **who** designed the school **I'm attending**.*

W: Thank you. I'm very proud of that design.

*M: What was **the concept behind** it?*

*W: **When planning** the design of the school building, I wanted to **incorporate** elements of nature **into** it.*

*M: I see. Did you **apply** this concept in any other building designs?*

*W: Yes. Skyforest Tower. My design **included** mini gardens for each floor and a **roof-top garden**, **making** the building **look like** a **rising forest**.*

비웃다(조롱하다), 조롱 **ri**____

지속되다, 계속 버티다 **h**___ **out**

억제할 수 없는, 강박의 **co**____

ridicule [rídəkjùːl]

*M: That's **impressive**[14]. Actually, my art teacher is **taking** us **on a field trip**[15] there next week.*

*W: Really? **Make sure to visit**[16] the **observation deck**[17] on the 32nd floor. The view is **spectacular**[18].*

*M: Thanks. I'll **check** it **out**[19] with my classmates.*

---

4. 대화를 듣고, 그림에서 대화의 내용과 일치하지 <u>않는</u> 것을 고르시오.

*W: Wow, Sam. You **turned**[1] the **student council**[2] room **into** a hot chocolate booth.*

*M: Yes, Ms. Thompson. We**'re ready to**[3] sell hot chocolate to **raise money**[4] for **children in need**[5].*

*W: Excellent. What are you going to put on the **bulletin board**[6] under the clock?*

*M: I'll **post**[7] information **letting**[8] people **know where the profits will go**.*

*W: Good. I like the **banner**[9] on the wall.*

M: Thanks. I designed it myself.

*W: **Awesome**[10]. Oh, I'm glad you put my **stripe-patterned tablecloth**[11] on the table.*

*M: **Thanks for letting**[12] us **use** it. Did you **notice**[13] the snowman drawing that's **hanging**[14] on the tree?*

*W: Yeah. I remember it was drawn by **the child you helped**[15] last year. By the way, there are three boxes on the floor. **What are they for**[16]?*

*M: We're going to **fill**[17] those **up** with **donations**[18] of toys and books.*

W: Sounds great. Good luck.

hold out

compulsive [kəmpʌ́lsiv]

5. 대화를 듣고, 남자가 여자를 위해 할 일로 가장 적절한 것을 고르시오.

① 사진 전송하기 ② 그림 그리기

③ 휴대 전화 찾기 ④ 생물 보고서 제출하기

⑤ 야생화 개화 시기 검색하기

M: Hi, Mary. You look worried. What's the matter?

*W: Hi, Steve. Remember the report about **wildflowers**[1] I've been **working on**[2]?*

*M: Of course. That's for your **biology class**[3], right?*

*W: Yeah. I was able to get pictures of all the wildflowers in my report **except for**[4] daisies.*

*M: I see. Can't you **submit**[5] your report without pictures of daisies?*

*W: No. I really need them. I even tried to take pictures of daisies myself, but I **found out that**[6] they usually **bloom**[7] from spring to fall.*

M: You know what? This spring, I went hiking with my dad and took some pictures of wildflowers.

W: Do you have them on your phone? Can I see them?

M: Sure. Have a look.

W: Oh, the flowers in the pictures are daisies! These will be great for my report.

M: Really? Then I'll send them to you.

W: Thanks. That would be very helpful.

---

6. 대화를 듣고, 여자가 지불할 금액을 고르시오.

① $180 ② $190 ③ $200 ④ $210 ⑤ $230

M: Welcome to the Chestfield Hotel. How may I help you?

*W: Hi, I'm Alice Milford. I **made a reservation**[1] for me and my husband.*

*M: [Typing sound] Here it is. You **reserved**[2] one room for one night **at the regular rate**[3] of $100.*

W: Can I use this 10% discount coupon?

M: Sure, you can.

W: Fantastic. And is it possible to stay one more night?

혐오감, 혐오감을 주다 **dis___**

유인의 / 무인의 **m___ / u___**

의무적인, 강제적인 **com___**

*M: Let me check. [Mouse clicking sound] Yes, the same room is **available** for tomorrow.*

*W: Good. Do I get **a discount** for the second night, too?*

*M: Sorry. The coupon doesn't **apply to** the second night. It'll be $100. Do you still want to stay an **extra night**?*

W: Yes, I do.

M: Great. Will you and your husband have breakfast? It's $10 per person for each day.

W: No thanks. We'll be going out early to go shopping. Here's my credit card.

---

7. 대화를 듣고, 남자가 텐트를 반품하려는 이유를 고르시오.

① 크기가 작아서

② 캠핑이 취소되어서

③ 운반하기 무거워서

④ 설치 방법이 어려워서

⑤ 더 저렴한 제품을 찾아서

W: Honey, I'm home.

M: How was your day?

W: Alright. Hey, did you order something? There's a large box outside the door.

*M: It's **the tent we bought online** for our camping trip. I'm **returning** it.*

*W: Is it because of the size? I remember you said it might be a little small to **fit** all of us.*

*M: Actually, when I **set up** the tent, it seemed **big enough to hold** us all.*

W: Then, did you find a cheaper one on another website?

*M: No, price is not the **issue**.*

W: Then, why are you returning the tent?

*M: It's **too** heavy **to** carry around. We usually have to walk **a bit** to **get to** the campsite.*

*W: I see. Is someone coming to **pick up** the box?*

*M: Yes. I already **scheduled** a **pickup**.*

disgust [disgʌ́st]

manned [mænd] / unmanned

compulsory [kəmpʌ́lsəri]

8. 대화를 듣고, Bradford Museum of Failure에 관해 언급되지 않은 것을 고르시오.

① 전시품 ② 설립 목적 ③ 개관 연도

④ 입장료 ⑤ 위치

M: Hey, Kelly. Have you been to the Bradford Museum of Failure?

W: I've never even heard of it.

M: Well, I went there yesterday and it was amazing.

W: What does the museum ***exhibit****?*

M: It exhibits ***numerous failed products*** *from the world's* ***best-known*** *companies.*

W: Interesting. That makes me ***curious*** *about the* ***purpose*** *of* ***founding*** *the museum.*

M: It ***was founded*** *to* ***deliver*** *the message* ***that*** *we need to* ***admit*** *our failures to truly succeed.*

W: That's ***quite a*** *message, and* ***it makes*** *a lot of* ***sense****. Did it just open?*

M: No, it opened in 2001.

W: ***How come*** *I've never heard of it?*

M: I guess many people don't know about it. But visiting the museum was an ***eye-opening experience****.*

W: Where is it?

*M: It****'s located in*** *Greenfalls, Hillside.*

W: That's not too far from here. I'll ***be sure to*** *visit it.*

아주 기쁘게 하다, 기쁨 **de___**

A를 참고 받아들이다 **l___ with A**

---

9. National Baking Competition에 관한 다음 내용을 듣고, 일치하지 않는 것을 고르시오.

① 해마다 열리는 행사이다.

② 올해의 주제는 건강한 디저트이다.

③ 20명이 결선에 진출할 것이다.

④ 수상자들의 조리법이 잡지에 실릴 것이다.

⑤ 웹 사이트에서 생중계될 것이다.

W: Hello, listeners. I'm Carla Jones from the ***National Baking Association****.* ***I'm glad to announce*** *that we're* ***hosting*** *the National Baking* ***Competition*** *on December 20th. It's an*

상대(적수), 반대론자 **op___**

__annual event aimed to discover__ people with a __talent__ and __passion__ for baking. This year, __the theme__ of __the competition__ is "healthy desserts." We had the most __applicants__ in the history of this competition, and only 10 __participants__ will __advance to__ the __final round__. The top three will __win the grand prize__ of $10,000 each, and the __recipes__ of the winners will __appear__ in our magazine. You can enjoy watching the __entire__ competition from home. It'll __be broadcast live__ on our website starting from 9 a.m. If you're a food lover, you won't want to __miss__ watching this event.

---

10. 다음 표를 보면서 대화를 듣고, 여자가 주문할 재사용 빨대 세트를 고르시오.

Reusable Straw Sets (3 pieces)

	Set	Material	Price	Length (inches)	Carrying Case
①	A	Bamboo	$5.99	7	×
②	B	Glass	$6.99	7	○
③	C	Glass	$7.99	8	×
④	D	Silicone	$8.99	8	○
⑤	E	Stainless Steel	$11.99	9	○

M: Hi, Nicole. What are you doing?

W: Hi, Jack. I'm trying to buy a __reusable straw__ set on the Internet. Do you want to see?

M: Sure. [Pause] These __bamboo__ ones seem good. They__'re made from__ natural materials.

W: That's true, but I'm worried they may not dry quickly.

M: Okay. Then let's look at straws __made from__ other materials. How much __are__ you __willing to__ spend on a set of straws?

W: I don't want to spend more than $10.

M: That's __reasonable__. How about __length__?

W: To use with my tumbler, eight or nine inches should be perfect.

M: Then you__'re down to__ these two. A __carrying case__ would be very useful when going out.

W: Good point. I'll take your __recommendation__ and order this set now.

delight [diláit]

live with A = put up with A

opponent [əpóunənt]

11. 대화를 듣고, 남자의 마지막 말에 대한 여자의 응답으로 가장 적절한 것을 고르시오.

① I don't **feel like going** out today.

② You must **get to** the airport quickly.

③ How about going to the cafe over there?

④ I didn't know you wanted to **go sightseeing**.

⑤ Why didn't you **wear** more **comfortable shoes**?

M: Lisa, are you okay from all the walking we did today?

*W: Actually, Dad, my feet are tired from all the sightseeing. Also, I'm **thirsty** because the weather is so hot out here.*

M: Oh, then let's go somewhere inside and get something to drink. Where should we go?

W: ______________________________

---

12. 대화를 듣고, 여자의 마지막 말에 대한 남자의 응답으로 가장 적절한 것을 고르시오.

① I see. Then I'll **park** somewhere else.

② It's all right. I'll bring your car over here.

③ No thanks. I don't want my car to be painted.

④ **Never mind**. I'll pay the **parking fee** later.

⑤ Okay. I'll choose another car instead.

*W: Excuse me, sir. I'm from the **management office**. You cannot park here because we**'re about to close off this section** of **the parking lot**.*

M: Why? What's going on here?

W: We're going to paint the walls in this section. If there are cars parked here, we cannot start our work.

M: ______________________________

고정(연결)시키다, 닻 **a____**

A를 소중히 여기다 **hold A d____**

찬성론자, 옹호론자 **pro____**

13. 대화를 듣고, 남자의 마지막 말에 대한 여자의 응답으로 가장 적절한 것을 고르시오. [3점]

Woman: ______________________________

① Sorry. I don't think I can **wait** until tomorrow **for** this one. [1]

② I agree. The displayed one may be the **best option** for me. [2]

③ Oh, no. **It's too bad** [3] you don't sell the **displayed model**. [4]

④ Good. Call me when my washing machine is repaired.

⑤ Exactly. I'm glad that you bought the displayed one.

W: Hi. Can I get some help over here?

M: Sure. What can I help you with?

W: I'm thinking of buying this washing machine.

M: Good choice. It's our best-selling model.

*W: I really like its design and it has a lot of **useful features** [5]. I'll take it.*

*M: Great. However, you'll have to wait for two weeks. **We're out of** this model [6] right now.*

*W: Oh, no. I need it today. My washing machine **broke down** [7] yesterday.*

*M: Then how about buying the one **on display** [8]?*

W: Oh, I didn't know I could buy the displayed one.

*M: Sure, you can. We can deliver and **install** [9] it today.*

*W: **That's just what I need** [10], but it's not a new one.*

*M: Not to worry. **It's never been used** [11]. Also, like with the new ones, you can **get it repaired** [12] **for free** [13] for **up to** [14] three years.*

W: That's good.

*M: We can also give you a 20% discount on it. It's a **pretty good deal** [15].*

W: ______________________________

anchor [ǽŋkər]

hold A dear

proponent [prəpóunənt]

14. 대화를 듣고, 여자의 마지막 말에 대한 남자의 응답으로 가장 적절한 것을 고르시오. [3점]

Man: ______________________________

① Don't worry. I already found his **briefcase**[1].

② Of course. You **deserve to**[2] receive the award.

③ **Don't mention it**[3]. I just did my **duty as** a **citizen**[4].

④ **Definitely**[5]. I want to go to **congratulate**[6] him myself.

⑤ Wonderful. It was **the best ceremony I've ever been to**[7].

[Cell phone rings.]

M: Hello, Joe Burrow speaking.

W: Hello. This is Officer Blake from the Roselyn Police Station.

M: Oh, it's good to speak to you again.

W: Nice to speak to you, too. Do you remember the boy ***who found your briefcase***[8] *and brought it here?*

M: Sure. I wanted to give him a ***reward***[9]*. But he wouldn't* ***accept***[10] *it.*

W: I ***remember you saying***[11] *that before.*

M: Yeah. I'd still like to ***somehow***[12] ***express***[13] *my* ***thanks in person***[14]*.*

W: Good. That's why I'm calling you. ***Are you available***[15] *next Friday at 10 a.m.?*

M: Yes. I'm free at that time. Why?

W: The boy will receive the ***Junior Citizen Award***[16] *for what he's done for you.*

M: That's great news!

W: There'll be a ceremony for him at the ***police station***[17]*, and he invited you* ***as***[18] *his guest.* ***I was wondering if***[19] *you can* ***make it****.*

M: ______________________________

재단사, 조정하다, 맞추다 **ta___**

A를 얕보다 **p___ down A**

예민(예리)한, 간절한 **ke___**

15. 다음 상황 설명을 듣고, Ben이 Stacy에게 할 말로 가장 적절한 것을 고르시오. [3점]

Ben: ______________________________

① **Feel free to** take the tomatoes from my **backyard**.

② Tell me if you need help when planting tomatoes.

③ Do you want the **ripe** tomatoes I picked yesterday?

④ Why don't we grow tomatoes in some other places?

⑤ Let me **take care of** your tomatoes while you're away.

tailor [téilər]

W: Ben and Stacy are ***neighbors****. Ben* ***has been growing*** *tomatoes in his backyard* ***for*** *several years. Ben* ***shares*** *his tomatoes* ***with*** *Stacy every year because she loves his fresh tomatoes. Today, Ben notices that his tomatoes will be ready* ***to be picked*** *in about a week. However, he leaves for a* ***month-long business trip*** *tomorrow. He's worried that there'll be* ***no fresh tomatoes left*** *in his backyard* ***by the time*** *he comes back. He****'d like*** *Stacy* **to have** *them while they are fresh and ripe. So, Ben wants to tell Stacy that she can come and get the tomatoes from his backyard* ***whenever she wants****. In this situation, what would Ben most likely say to Stacy?*

---

play down A = downplay A

[16 ~ 17] 다음을 듣고, 물음에 답하시오.

16. 남자가 하는 말의 주제로 가장 적절한 것은?

① **color change** in nature **throughout seasons**

② **various** colors used in **traditional English customs**

③ **differences** in **color perceptions** according to culture

④ why **expressions related to** colors are **common** in English

⑤ how **color-related** English expressions **gained** their **meanings**

keen [kiːn]

17. 언급된 색깔이 아닌 것은?

① blue ② white ③ green

④ red ⑤ yellow

M: Hello, students. Last time, I gave you a list of English expressions ***containing*** [6] *color* ***terms****. Today, we'll* ***learn*** [7] *how* ***these expressions*** *got their* ***meanings****. The first expression is "****out of the blue****,"* [8] *meaning something happens* ***unexpectedly*** [9]*. It* ***came from*** [10] *the* ***phrase*** *"****a lightning bolt out of the blue,****"* [11] ***which*** [12] *expresses the idea that* ***it's unlikely to*** [13] *see lightning when there's a clear blue sky. The next expression, "****white lie****,"* [14] *means a* ***harmless lie*** [15] *to* ***protect*** *someone* ***from*** [16] *a* ***harsh truth*** [17]*. This is because the color white traditionally* ***symbolizes innocence*** [18]*. Another expression, "****green thumb****,"* [19] ***refers to*** [20] *a great ability to* ***cultivate plants*** [21]*.* ***Planting pots*** [22] ***were*** *often* ***covered with*** [23] *tiny green plants, so* ***those who*** [24] *worked in gardens had* ***green-stained hands*** [25]*. The last expression, "to* ***see red****,"* [26] *means to suddenly get very angry. Its* ***origin*** [27] *possibly* ***comes from*** [28] *the* ***belief that bulls*** [29] ***get angry*** [30] *and* ***attack*** *when a bullfighter waves a* ***red cape*** [31]*. I hope this lesson helps you remember these phrases better.*

이제 듣기 문제가 끝났습니다. 18번부터는 문제지의 지시에 따라 답을 하시기 바랍니다.

게걸스럽게 먹다 **de____**

A를 이기다 **get the b___ of A**

선박, 협곡, 담는 용기 **ve____**

18. 다음 글의 목적으로 가장 적절한 것은?

Dear Friends,

Season's greetings[1]. **As**[2] some of you already know, we are starting the **campus food drive**[3]. **This is how**[4] you participate. You can **bring your items**[5] for **donation** to our booths. Our **donation booths**[6] are located in the **lobbies**[7] of the campus libraries. Just **drop off**[8] the items there during **usual library hours**[9] from December 4 to 23. The **donated food**[10] should be **non-perishable**[11] like **canned**[12] meats and **canned** fruits. **Packaged goods**[13] such as jam and peanut butter are also good. We will **distribute**[14] the food to our neighbors on Christmas Eve. We truly **appreciate**[15] your help.

Many **blessings**[16],

Joanna at Campus Food Bank

① 음식 기부에 참여하는 방법을 안내하려고

② 음식 배달 자원봉사 참여에 감사하려고

③ 도서관 이용 시간 변경을 공지하려고

④ 음식물 낭비의 심각성을 알려 주려고

⑤ 크리스마스 행사 일정을 문의하려고

devour [diváuər]

get the better(best) of A

vessel [vésəl]

19. 다음 글에 드러난 'I'의 심경 변화로 가장 적절한 것은?

Once again, I had **lost** the piano contest **to** my friend. When I learned that Linda had won, I **was** deeply **troubled** and unhappy. My body was shaking with **uneasiness**. My **heart beat** quickly and my face **became reddish**. I had to run out of the concert hall **to settle down**. **Sitting** on the stairs alone, I **recalled what** my teacher **had said**. "Life is about winning, **not necessarily** about **winning against** others **but winning at being you**. And the way to win is **to figure out** who you are and **do** your best." He was **absolutely right**. I **had no reason to oppose** my friend. Instead, I should **focus on** myself and my own **improvement**. I **breathed out** slowly. My hands were **steady** now. **At last**, my mind was **at peace**.

① **grateful** → **sorrowful**
② **upset** → **calm**
③ **envious** → **doubtful**
④ surprised → disappointed
⑤ **bored** → **relieved**

되찾다, 회복하다 **ret____**

A를 넘겨주다 **h____ over A**

형편(사정)이 더 나은 **b____ off**

20. 다음 글에서 필자가 주장하는 바로 가장 적절한 것은?

Developing expertise carries costs of its own. We can become **experts** in some **areas**, like speaking a language or knowing our favorite foods, **simply by** living our lives, but in many other **domains** expertise **requires considerable training** and **effort**. **What's more**, expertise is **domain specific**. **The expertise** that we work hard to **acquire** in one **domain** will **carry over** only imperfectly **to** related **ones**, and **not at all** **to** **unrelated** **ones**. **In the end**, **as much as** we may want to **become experts on** everything in our lives, **there simply isn't enough time** to do so. Even in areas where we **could**, **it won't necessarily be worth** the effort. **It's clear that** we should **concentrate** our own expertise **on those domains** of choice that are most **common** and/or important to our lives, and **those** we actively enjoy **learning about** and **choosing from**.

① 자신에게 의미 있는 영역을 정해서 전문성을 키워야 한다.

② 전문성 함양에는 타고난 재능보다 노력과 훈련이 중요하다.

③ 전문가가 되기 위해서는 다양한 분야에 관심을 가져야 한다.

④ 전문성을 기르기 위해서는 구체적인 계획과 실천이 필수적이다.

⑤ 전문가는 일의 우선순위를 결정해서 업무를 수행해야 한다.

retrieve [ritri:v] = get back

hand over A

better off

21. 밑줄 친 the role of the 'lion's historians' 가 다음 글에서 의미하는 바로 가장 적절한 것은?

There is an African **proverb** that says, '**Till** the lions have their **historians**, **tales** of hunting will always **glorify** the hunter'. The proverb is about **power**, **control** and **law making**. **Environmental journalists** have to **play the role of** the 'lion's historians'. They have to **put across** the **point of view** of the environment **to** **people who make the laws**. They have to be **the voice** of **wild India**. The **present rate** of human **consumption** is completely **unsustainable**. Forest, **wetlands**, **wastelands**, **coastal zones**, **eco-sensitive zones**, they **are** all **seen as disposable** for the **accelerating demands** of human **population**. But **to ask for** any change in **human behaviour** — **whether it be** to **cut down on** consumption, **alter** lifestyles or **decrease** population growth — **is** seen as a **violation** of **human rights**. But **at some point** **human rights** become **'wrongs'**. **It's time we changed** our thinking **so that** **there is no difference between** the rights of humans **and** the rights of **the rest** of the environment.

① **uncovering** the history of **a species' biological evolution**
② **urging a shift to sustainable human behaviour** for nature
③ **fighting against widespread violations** of **human rights**
④ **rewriting** history for more **underrepresented** people
⑤ **restricting** the power of **environmental lawmakers**

정렬하다, 조정해 맞추다 **al**____

외국의, 생소한(이질적인) **fo**____

형편(사정)이 더 나쁜 **w**____ **off**

22. 다음 글의 요지로 가장 적절한 것은?

Prior to **file-sharing services**, music albums **landed exclusively in the hands** of **music critics** before their **release**. These critics **would listen to** them **well before** the **general public could** and **preview** them **for the rest of the world** in their **reviews**. **Once** the internet made music easily **accessible** and allowed even **advanced releases** to spread **through online social networks**, **availability** of new music became **democratized, which** meant critics **no longer** had **unique access**. **That is**, **critics** and **laypeople alike** could **obtain** new music **simultaneously**. **Social media** services also **enabled** people **to publicize** their **views** on new songs, **list** their new favorite bands in their **social media bios**, and **argue over** new music **endlessly** on **message boards**. The result was **that** critics now could **access** the **opinions** of **the masses** on a **particular album** **before** writing their reviews. **Thus**, **instead of** **music reviews guiding** **popular opinion toward art** (as they **did** in **preinternet times**), music reviews began to **reflect** — **consciously** or **subconsciously** — **public opinion**.

* laypeople: 비전문가

① 미디어 환경의 변화로 음악 비평이 대중의 영향을 받게 되었다.

② 인터넷의 발달로 다양한 장르의 음악을 접하는 것이 가능해졌다.

③ 비평가의 음악 비평은 자신의 주관적인 경험을 기반으로 한다.

④ 오늘날 새로운 음악은 대중의 기호를 확인한 후에 공개된다.

⑤ 온라인 환경의 대두로 음악 비평의 질이 전반적으로 상승하였다.

align [əláin]

foreign [fɔ́rən]

worse off

23. 다음 글의 주제로 가장 적절한 것은? [3점]

Difficulties arise when we do **not think of** people and machines **as collaborative systems**, **but assign whatever tasks can be automated to** the machines and **leave** the rest to people. This **ends up requiring** people **to** behave **in machine-like fashion**, **in ways that differ from human capabilities**. We **expect** people **to monitor** machines, **which means keeping alert** for long periods, **something** we **are bad at**. We **require** people **to do repeated operations with** the **extreme precision** and **accuracy required by** machines, again **something** we **are** not **good at**. When we **divide up** the machine and human **components** of a **task** in this way, we **fail to take advantage of** human **strengths** and **capabilities** but **instead rely upon** areas where we are **genetically**, **biologically unsuited**. **Yet**, when people **fail**, they **are blamed**.

① difficulties of **overcoming** human **weaknesses** to **avoid** failure

② **benefits** of **allowing** machines and humans **to work** together

③ issues of **allocating** unfit tasks **to** humans in **automated systems**

④ reasons why humans continue to **pursue machine automation**

⑤ **influences** of human actions **on** a **machine's performance**

할당하다, 배정하다 **all____**

근육의, 근육질의 **mu____**

가엾은, 초라한(궁색한) **pi____**

24. 다음 글의 제목으로 가장 적절한 것은?

People don't usually think of touch as a **temporal phenomenon**, but it is **every bit as time-based as** it is **spatial**. You can **carry out** an experiment to **see for yourself**. **Ask** a friend **to cup his hand**, **palm face up**, and close his eyes. **Place** a small **ordinary object** in his palm — a **ring**, an **eraser**, **anything will do** — and **ask** him **to identify** it without moving any part of his hand. He won't have a **clue other than weight** and maybe **overall** size. Then tell him to **keep his eyes closed** and **move his fingers over the object**. He'**ll most likely** identify it **at once**. **By allowing** the fingers **to move**, you've **added** time **to** the **sensory perception** of touch. There's a **direct analogy between** the fovea at the center of your **retina and** your **fingertips, both of which** have **high acuity**. **Your ability** to **make complex use** of touch, such as **buttoning** your shirt or **unlocking** your front door in the dark, **depends on** continuous **time-varying** patterns of **touch sensation**.

* analogy: 유사 ** fovea: (망막의) 중심와(窩) *** retina: 망막

① Touch and Movement: Two **Major Elements** of **Humanity**

② **Time Does Matter**: A **Hidden Essence** of **Touch**

③ How to Use the **Five Senses in a Timely Manner**

④ **The Role** of Touch **in Forming** the **Concept of Time**

⑤ The Surprising **Function** of Touch as a **Booster** of **Knowledge**

allot [əlάːt] = allocate

muscular [mʌ́skjələr]

pitiful [pítifəl]

25. 다음 도표의 내용과 일치하지 <u>않는</u> 것은?

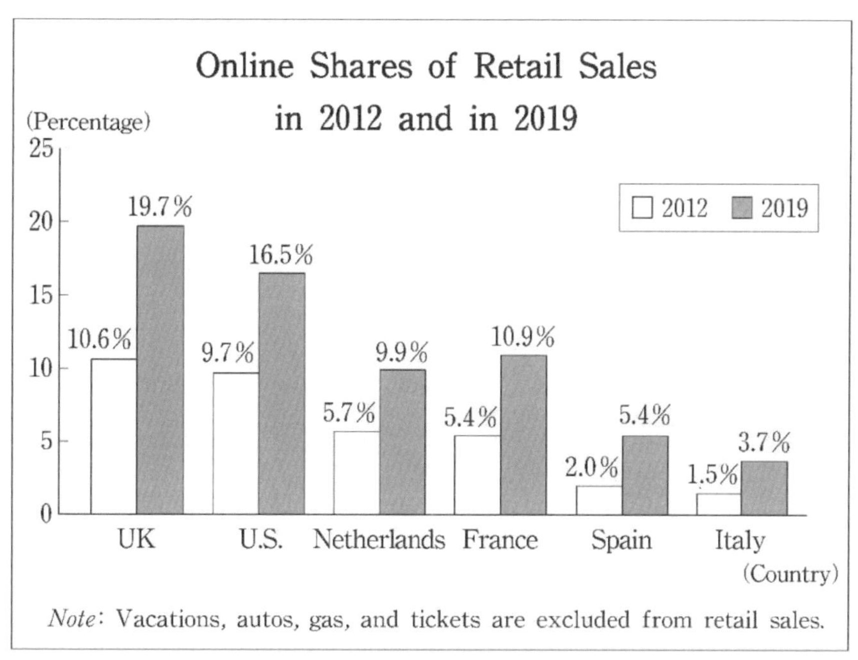

The graph above shows the **online shares** of **retail sales** [1] for each of six countries in 2012 and in 2019. The online share of retail sales **refers to** the **percentage of** [2] retail sales **conducted** online **in a given country** [3]. ① For each country, its **online share of retail sales** in 2019 was larger than **that** [4] in 2012. ② Among the six countries, the UK **owned** [5] the largest online share of retail sales with 19.7% in 2019. ③ In 2019, the U.S. had the second largest online share of retail sales with 16.5%. ④ In 2012, the online share of retail sales in the Netherlands was larger than that in France, **whereas** [6] the **reverse** was true in 2019. ⑤ **In the case of** [7] Spain and Italy, the online share of retail sales in each country was less than 5.0% both in 2012 and in 2019.

조롱하다, 놀리다 **te___**

A를 밀어내다 **c___ out A**

향기로운 / 향기 **fr___ / fr___**

26. Frank Hyneman Knight에 관한 다음 글의 내용과 일치하지 않는 것은?

Frank Hyneman Knight was one of the most **influential economists** of the twentieth century. After **obtaining** his **Ph.D**. in 1916 at Cornell University, Knight taught at Cornell, the University of Iowa, and the University of Chicago. Knight spent most of his **career** at the University of Chicago. Some of his students at Chicago later **received the Nobel Prize**. Knight **is known as** the **author** of the book Risk, Uncertainty and Profit, **a study** of **the role** of the **entrepreneur** in **economic life.** He also wrote a **brief introduction** to **economics entitled** The Economic Organization**, which became** a **classic** of **microeconomic theory**. But Knight was **much more than** an economist; he was also a **social philosopher**. **Later in his career**, Knight **developed** his theories of **freedom**, **democracy**, and **ethics**. After **retiring** in 1952, Knight **remained active** in teaching and writing.

* entrepreneur: 기업가

① 20세기의 가장 영향력 있는 경제학자들 중 한 명이었다.

② 경력의 대부분을 University of Chicago에서 보냈다.

③ 그의 학생들 중 몇 명은 나중에 노벨상을 받았다.

④ Risk, Uncertainty and Profit의 저자로 알려져 있다.

⑤ 은퇴 후에는 가르치는 일은 하지 않고 글 쓰는 일에 전념했다.

tease [ti:z] = poke fun at

crowd out A

fragrant [fréigrənt] / fragrance

27. City of Sittka Public Bike Sharing Service에 관한 다음 안내문의 내용과 일치하지 <u>않는</u> 것은?

City of Sittka Public Bike Sharing Service

Are you planning to **explore** the city?

This is the **eco-friendly** way to do it!

Rent

- **Register** anywhere **via** our easy app.
- **Payment can be made** only by credit card.

Fee

- Free for the first 30 minutes
- One dollar **per additional** 30 minutes

Use

- Choose a bike and **scan** the QR code on the bike.
- **Helmets are not provided**.

Return

- Return the bike to the Green Zone **shown** on the app.
- **Complete** the **return by pressing** the OK button on the bike.

① 신용 카드 결제만 가능하다.

② 처음 30분은 무료이다.

③ 자전거의 QR 코드를 스캔해서 이용한다.

④ 헬멧이 제공된다.

⑤ 자전거의 OK 버튼을 눌러서 반납을 완료한다.

퍼즐, 혼란스럽게 하다 pu___

A를 시작하다 s___ about A

우유부단한, 결말이 안 난 ind___

28. Jason's Photography Class에 관한 다음 안내문의 내용과 일치하는 것은?

Jason's Photography Class

Are you **tired of** taking pictures [1] **with** your camera **set** to "Auto" [2]? Do you want to create more **professional-looking** photos [3]? You won't want to **miss** this **opportunity** [4].

· **Date**: Saturday, December 19

· **Time**: 1:30 p.m. — 5:30 p.m.

· **Place**: Thrombon Building, Room 2 on the first floor

· **Tuition Fee**: $50 (snacks **provided**) [5]

· **Level**: Beginner

· **Topics to Be Covered** [6]:

- **Equipment Selection** [7]
- **Lighting Techniques** [8]
- Color Selection
- **Special Effects** [9]

· Class size **is limited to** eight [10], so don't **delay** [11]!

Visit our web site at www.eypcap.com to register.

① 오전에 시작된다.

② 3층에서 진행된다.

③ 중급자 수준이다.

④ 다루는 주제 중 하나는 특수 효과이다.

⑤ 수강 학생 수에는 제한이 없다.

puzzle [pʌ́zl]

set about A

indecisive [indisáisiv]

29. 다음 글의 밑줄 친 부분 중, 어법상 <u>틀린</u> 것은? [3점]

Regulations covering scientific experiments on human subjects are strict. Subjects must give their informed, written consent, and experimenters must submit their proposed experiments to thorough examination by overseeing bodies. Scientists who experiment on themselves can, functionally if not legally, avoid the restrictions ① <u>associated</u> with experimenting on other people. They can also sidestep most of the ethical issues involved: nobody, presumably, is more aware of an experiment's potential hazards than the scientist who devised ② <u>it</u>. Nonetheless, experimenting on oneself remains ③ <u>deeply</u> problematic. One obvious drawback is the danger involved; knowing that it exists ④ <u>does</u> nothing to reduce it. A less obvious drawback is the limited range of data that the experiment can generate. Human anatomy and physiology vary, in small but significant ways, according to gender, age, lifestyle, and other factors. Experimental results derived from a single subject are, therefore, of limited value; there is no way to know ⑤ <u>what</u> the subject's responses are typical or atypical of the response of humans as a group.

* consent: 동의 ** anatomy: (해부학적) 구조 *** physiology: 생리적 현상

명세하다 / 절하다 v___ / b___

국경, 한계, 미개척 분야 fr___

절약하는, 검소한 fr___

30. 다음 글의 밑줄 친 부분 중, 문맥상 낱말의 쓰임이 적절하지 않은 것은?

How the **bandwagon effect occurs** is **demonstrated** by the history of **measurements** of the **speed of light**. Because this speed is the **basis** of the **theory of relativity**, it's one of the most **frequently** and carefully **measured** ① **quantities** in science. **As far as we know**, the speed **hasn't changed over time**. However, from 1870 to 1900, all the experiments found speeds **that were too high**. Then, from 1900 to 1950, the ② **opposite** happened — all the experiments found speeds that were too low! **This kind of error, where** results are always on **one side** of the **real value**, **is called** "**bias**." It **probably** happened because over time, experimenters **subconsciously adjusted** their results **to** ③ **match** **what** they expected to find. If a result **fit what they expected**, they kept it. If a result didn't fit, they **threw** it **out**. They weren't being **intentionally** **dishonest,** just ④ **influenced** **by** the **conventional wisdom**. The pattern **only changed when** someone ⑤ **lacked** the **courage** to **report** what was actually measured **instead of** what was expected.

* bandwagon effect: 편승 효과

vow [vau] / bow [bau]

frontier [frʌ́ntiər]

frugal [frúːgəl]

[31 ~ 34] 다음 빈칸에 들어갈 말로 가장 적절한 것을 고르시오.

31. In the classic model of the Sumerian economy, the temple functioned as an administrative authority governing commodity production, collection, and redistribution. The discovery of administrative tablets from the temple complexes at Uruk suggests that token use and consequently writing evolved as a tool of centralized economic governance. Given the lack of archaeological evidence from Uruk-period domestic sites, it is not clear whether individuals also used the system for ____________________. For that matter, it is not clear how widespread literacy was at its beginnings. The use of identifiable symbols and pictograms on the early tablets is consistent with administrators needing a lexicon that was mutually intelligible by literate and nonliterate parties. As cuneiform script became more abstract, literacy must have become increasingly important to ensure one understood what he or she had agreed to.

* archaeological: 고고학적인 ** lexicon: 어휘 목록 *** cuneiform script: 쐐기 문자

① religious events
② personal agreements
③ communal responsibilities
④ historical records
⑤ power shifts

풀다, 배양하다, 성장하다 inc___

마음이 편안해지다 li___ up

도구, 악기, 수단 in___

32. Choosing **similar friends**[1] can have a **rationale**[2]. **Assessing**[3] the **survivability** of an environment can be **risky** (if an environment **turns out to be**[4] **deadly**[5], **for instance**[6], **it might be too late**[7] **by the time**[8] you **found out**), so humans have **evolved**[9] the **desire** **to associate with**[10][11] similar individuals **as a way**[12] to perform this function **efficiently**. **This is**[13] especially **useful** to a **species** **that lives**[14] in so many **different sorts**[15] of environments. However, the **carrying capacity**[16] of **a given environment**[17] ______________________________. **If resources**[18] are **very limited**, the individuals **who live in a particular place**[19] **cannot all**[20] do **the exact same**[21] thing (for example, if there are few trees, people **cannot all**[22] live in tree houses, or if mangoes are **in short supply**[23], people cannot all **live solely on**[24] a **diet** of mangoes). A **rational strategy**[25] would therefore sometimes be **to avoid**[26] **similar members**[27] of one's species.

① **exceeds** the **expected demands** of a community[28]
② **is decreased by**[29] **diverse means** of **survival**[30]
③ **places a limit on**[31] this **strategy**
④ **makes** the world **suitable** for individuals[32]
⑤ **prevents social ties to**[33] dissimilar members

incubate [inkjəbèit]

lighten up

instrument [instrəmənt]

33. **Thanks to** **newly developed** **neuroimaging technology**, we now **have access to** the **specific brain changes** that occur during learning. Even though all of our brains **contain** the same **basic structures**, our **neural networks** are **as unique as** our fingerprints. **The latest developmental neuroscience research** has shown that the brain is **much more malleable** throughout life **than previously assumed**; it develops **in response** **to** its own **processes**, **to** its **immediate** and **distant** “environments,” and **to** its **past** and **current** situations. The brain **seeks to create meaning** through **establishing** or **refining** existing **neural networks**. When we learn a new fact or skill, our **neurons** communicate **to form networks** of **connected information**. Using this knowledge or skill **results in structural changes** **to allow** similar **future impulses** **to travel** more **quickly** and **efficiently** than others. **High-activity synaptic connections** are **stabilized** and **strengthened**, while **connections** with **relatively low use** are **weakened** and **eventually pruned**. In this way, our brains are ________________________________. [3점]

* malleable: 순응성이 있는 ** prune: 잘라 내다

① **sculpted** by our own **history of experiences**
② **designed to maintain** their **initial structures**
③ **geared toward** strengthening recent memories
④ **twinned with** the development of other **organs**
⑤ **portrayed as** the **seat** of **logical** and **creative thinking**

외따로 멀어지게 하다 **ali___**

최근에 **of l___**

(법적으로) 의무적인 **man___**

34. **Successful integration** of an **educational technology** **is marked by** **that technology being** **regarded** by users **as** an **unobtrusive facilitator** of learning, **instruction**, or performance. When the focus **shifts from** the technology **being used to** the **educational purpose that technology serves**, then that technology is becoming a **comfortable** and **trusted element**, and can **be regarded as** being **successfully integrated**. Few people **give a second thought to** the use of a **ball-point pen** although the **mechanisms involved vary** — some use a **twist mechanism** and some use **a push button on top**, and there are other **variations as well**. Personal computers have **reached a similar level** of **familiarity** for **a great many** users, but **certainly not for all**. New and **emerging technologies** often **introduce** both **fascination** and **frustration** with users. **As long as** ____________________________ **in promoting** learning, instruction, or performance, then one **ought not to conclude** that the technology **has been successfully integrated** — **at least** for that user. [3점]

* unobtrusive: 눈에 띄지 않는

① the user successfully **achieves** familiarity with the technology

② the user's focus is on the technology itself **rather than** its use

③ the user continues to **employ outdated** educational techniques

④ the user **involuntarily** gets used to the **misuse** of the technology

⑤ the user's **preference for interaction with** other users **persists**

alienate [éiljənèit]

of late = lately = recently

mandatory [mǽndətɔ̀ri]

35. 다음 글에서 전체 흐름과 관계 없는 문장은?

Workers **are united** by laughing at **shared events**, even **ones** that may **initially spark anger** or **conflict**. Humor **reframes potentially divisive events into merely** "**laughable**" **ones** which **are put in perspective** as subservient to **unifying values held by** organization members. **Repeatedly recounting humorous incidents reinforces unity** based on **key organizational values**. ① One team told **repeated stories** about a **dumpster fire**, **something** that does not **seem funny on its face**, but the **reactions** of **workers motivated to preserve** safety **sparked** laughter as the stories were shared **multiple times** by **multiple parties** in the **workplace**. ② **Shared events** that **cause laughter** can **indicate** a **sense of belonging** since "you had to **be there**" to **see** the humor in **them**, and **non-members were not** and **do not**. ③ Since humor can easily **capture** people's **attention**, **commercials tend to contain** humorous **elements**, such as **funny faces** and **gestures**. ④ **Instances** of humor **serve to enact bonds** among organization members. ⑤ Understanding the humor may even **be required as** an **informal badge** of membership in the organization.

* subservient: 도움이 되는

되튀다, 반사하다, 회복하다 **b____**

획기적 발전(돌파, 성공) **bre____**

피해자, 희생자 **vi____**

[36 ~ 37] 주어진 글 다음에 이어질 글의 순서로 가장 적절한 것을 고르시오.

36.

The objective of battle, **to "throw" the enemy** and **to make him defenseless**, may **temporarily blind commanders** and even **strategists to** the **larger purpose** of war. War is never an **isolated act**, **nor is it** ever only one **decision**.

(A) To be **political**, a **political entity** or a **representative** of a political entity, **whatever** its **constitutional form**, has to have an **intention, a will**. That intention has to **be clearly expressed**.

(B) In the real world, **war's larger purpose** is always a **political purpose**. It **transcends** the **use of force**. This **insight was** famously **captured by** Clausewitz's most **famous phrase**, "War is a **mere continuation** of politics **by other means**."

(C) And **one side's will** has to **be transmitted to** the enemy **at some point** during the **confrontation** (it **does not have to be publicly communicated**). A **violent act** and its larger **political intention** must also **be attributed to** one side at some point during the confrontation. History does not **know of acts of war** without **eventual attribution**.

* entity: 실체 ** transcend: 초월하다

① (A) - (C) - (B) ② (B) - (A) - (C)
③ (B) - (C) - (A) ④ (C) - (A) - (B)
⑤ (C) - (B) - (A)

bounce [bauns]

breakthrough [bréikθrùː]

victim [víktəm] = casualty

37.

Experts have **identified**[1] a large number of **measures** that **promote energy efficiency**. **Unfortunately**[2] many of them are not **cost effective**[3]. This is a **fundamental**[4] **requirement** for energy efficiency **investment** from an **economic perspective**[5].

(A) And this has **direct repercussions**[6] at the individual level: **households**[7] can reduce the **cost of electricity** and **gas bills**, and **improve**[8] their **health** and **comfort**, while companies can **increase**[9] their **competitiveness** and their **productivity**[10]. Finally, the market for energy efficiency could **contribute to**[11] the economy through job and **firms creation**[12].

(B) There are **significant**[13] **externalities** to **take into account** and there are also **macroeconomic**[14] **effects**. For instance, **at the aggregate level**[15], **improving**[16] the **level of** national **energy efficiency** **has positive effects on**[17] **macroeconomic issues**[18] such as **energy**[19] **dependence**, **climate change**[20], health, **national competitiveness**[21] and reducing **fuel poverty**[22].

(C) However, the **calculation**[23] of such cost effectiveness is not easy: it is **not simply**[24] a case of looking at **private costs**[25] and **comparing**[26] them **to** the **reductions achieved**[27]. [3점]

* repercussion: 반향, 영향 ** aggregate: 집합의

① (A) - (C) - (B)
② (B) - (A) - (C)
③ (B) - (C) - (A)
④ (C) - (A) - (B)
⑤ (C) - (B) - (A)

장식하다, 꾸미다 **de**____

가난한 농부, 소작농 **pe**____

특권, 특혜, 영광 **pri**____

[38 ~ 39] 글의 흐름으로 보아, 주어진 문장이 들어가기에 가장 적절한 곳을 고르시오.

38.

> I have still not **exactly pinpointed** Maddy's **character** **since** **wickedness takes many forms**.

Imagine I tell you that Maddy is bad. Perhaps you **infer** from my **intonation**, or the **context** **in which** we are talking, **that** I mean **morally** bad. **Additionally**, you will probably infer that I am **disapproving of** Maddy, or saying that I think you should disapprove of her, **or similar**, **given** **typical linguistic conventions** and **assuming I am sincere**. (①) However, you might not **get a** more detailed **sense of** the **particular sorts of** **way in which** Maddy is bad, her **typical** character **traits**, **and the like**, since people can be bad **in many ways**. (②) **In contrast**, if I say that Maddy is wicked, then you **get** more of **a sense of** her **typical actions** and **attitudes** to others. (③) The word 'wicked' **is more specific than** 'bad'. (④) But there is more **detail nevertheless**, perhaps **a stronger connotation** of the sort of person **Maddy is**. (⑤) **In addition**, and again **assuming** typical linguistic conventions, you should also **get a sense that** I am disapproving of Maddy, or saying that you should disapprove of her, or similar**, assuming** that we are still **discussing** her **moral character**.

* connotation: 함축

decorate [dékərèit] = adorn [ədɔ́ːrn]

peasant [péznt]

privilege [prívəlidʒ]

39.

Note that copyright **covers** the **expression** of an idea and **not** the idea **itself**.

Designers **draw on** their experience of design **when approaching** a new **project**. This **includes** the use of **previous designs that they know work** — both **designs** that they have created **themselves** and **those** that others have created. (①) Others' creations often **spark inspiration** that also **leads to** new ideas and **innovation**. (②) This is **well known** and **understood**. (③) However, the expression of an idea **is protected by** copyright, and people **who infringe on** that copyright can **be taken to court** and **prosecuted**. (④) This means, for example, that while there are **numerous** smartphones all with **similar functionality**, this does not **represent** an **infringement** of copyright **as** the idea has **been expressed** in different ways and **it is the expression that has been copyrighted**. (⑤) Copyright is free and **is** automatically **invested in** the author, for instance, the writer of a book or a **programmer** who **develops** a program, **unless** they **sign the copyright over to** someone else. [3점]

* infringe: 침해하다 ** prosecute: 기소하다

40. 다음 글의 내용을 한 문장으로 요약하고자 한다. 빈칸 (A), (B)에 들어갈 말로 가장 적절한 것은?

From a **cross-cultural perspective** the **equation between** public leadership **and** dominance is **questionable**. **What does one mean by** 'dominance'? Does it **indicate** **coercion**? Or **control over 'the most valued'**? **'Political' systems** may be about **both, either,** or **conceivably neither**. The **idea** of 'control' would be a **bothersome** **one** for many peoples, **as** for instance among many **native peoples** of Amazonia **where** all members of a community **are fond of** their **personal autonomy** and **notably** **allergic to** any **obvious expression** of **control** or **coercion**. **The conception** of **political power** **as** a **coercive force**, while it may be a **Western fixation**, **is** not a **universal**. **It** is very unusual **for** an Amazonian leader **to give an order**. If many peoples do **not** **view** political power **as** a coercive force, **nor** **as** the most **valued domain**, then **the** **leap** **from 'the political' to** 'domination' (as coercion), and from there to 'domination of women', **is** a **shaky** one. As Marilyn Strathern has **remarked**, the **notions** of 'the political' and 'political **personhood**' are **cultural obsessions** **of our own**, **a bias** long reflected in **anthropological constructs**.

* coercion: 강제 ** autonomy: 자율 *** anthropological: 인류학의

↓

It is ______(A)______ **to understand** political power in other cultures **through** our own **notion** of it because ideas of political power are not ______(B)______ **across cultures**.

	(A)		(B)
①	**rational**	…	**flexible**
②	**appropriate**	…	**commonplace**
③	**misguided**	…	**uniform**
④	**unreasonable**	…	**varied**
⑤	effective	…	objective

ornament [ɔ:rnəmənt]

index [indeks]

prestige [presti:ʒ]

[41 ~ 42] 다음 글을 읽고, 물음에 답하시오.

Our irresistible tendency to see things in human terms — that we are often mistaken in attributing complex human motives and processing abilities to other species — does not mean that an animal's behavior is not, in fact, complex. Rather, it means that the complexity of the animal's behavior is not purely a (a) product of its internal complexity. Herbert Simon's "parable of the ant" makes this point very clearly. Imagine an ant walking along a beach, and (b) visualize tracking the trajectory of the ant as it moves. The trajectory would show a lot of twists and turns, and would be very irregular and complicated. One could then suppose that the ant had equally complicated (c) internal navigational abilities, and work out what these were likely to be by analyzing the trajectory to infer the rules and mechanisms that could produce such a complex navigational path. The complexity of the trajectory, however, "is really a complexity in the surface of the beach, not a complexity in the ant." In reality, the ant may be using a set of very (d) complex rules: it is the interaction of these rules with the environment that actually produces the complex trajectory, not the ant alone. Put more generally, the parable of the ant illustrates that there is no necessary correlation between the complexity of an (e) observed behavior and the complexity of the mechanism that produces it.

* parable: 우화 ** trajectory: 이동 경로

41. 윗글의 제목으로 가장 적절한 것은?

① Open the Mysterious Door to Environmental Complexity!
② Peaceful Coexistence of Human Beings and Animals
③ What Makes the Complexity of Animal Behavior?
④ Animals' Dilemma: Finding Their Way in a Human World
⑤ Environmental Influences on Human Behavior Complexity

42. 밑줄 친 (a) ~ (e) 중에서 문맥상 낱말의 쓰임이 적절하지 않은 것은? [3점]

① (a) ② (b) ③ (c) ④ (d) ⑤ (e)

여러 일들을 동시에 하다 ju____

진심의, 왕성한, 충만한 hea____

얕은, 피상적인(천박한) sh____

[43 ~ 45] 다음 글을 읽고, 물음에 답하시오.

(A)

In this area, heavy snow in winter was **not uncommon**[1]. Sometimes it **poured down**[2] **for hours and hours**[3] and **piled up**[4] very **high**[5]. Then, no one could go out. Today too, because of the heavy snow, Mom was doing her office work at the kitchen table. Felix, the **high schooler**[6], had to **take online classes**[7] in his room. Five-year-old Sean, who **normally**[8] went to **kindergarten**[9], was **sneaking around**[10] in the house **playing**[11] home[12] **policeman**. (a) The kindergartener wanted to know **what** his family members **were up to**[13], and was **checking up on**[14] everyone.

* sneak: 몰래 움직이다

(B)

"All right. I'm sure you're doing your work." Mom **replied**[15], and then sharply **added a question**[16]. "Sean, what are you doing?" Sean's face **immediately**[17] became **blank**, and he said, "Nothing." "Come here, Honey, and you can help me." Sean ran to the kitchen **right away**[18]. "What can I do for you, Mom?" His voice was high, and Felix could **sense that**[19] his brother was excited. Felix **was pleased**[20] **to get rid of**[21] (b) the policeman, and now he could **concentrate on**[22] the lesson, **at least till**[23] Sean came back.

(C)

While **checking on**[24] his family, Sean **interfered in**[25] their **business** **as if**[26] it was his **own**. This time, (c) the **playful**[27] and **curious** boy **was interested in**[28] his brother Felix, who **committed himself to**[29] studying **no matter where**[30] he was. Sean **secretly**[31] looked inside his brother's room from the door, and **shouted toward**[32] the kitchen **where** Mom was working, "Mom, Felix isn't studying. He's just watching a funny video." Sean was **naughtily**[33] smiling at his brother.

* naughtily: 짓궂게

juggle [dʒʌ́gəl]

hearty [hɑ́ːrti]

shallow [ʃǽlou]

(D)

Felix **was mad**[34] because (d) his little brother was **bothering**[35] him. Felix was studying science **using**[36] a video **posted**[37] on the school web site. He **made an angry face**[38] at the naughty boy. Right then, Mom asked loudly from the kitchen, "What are you doing, Felix?" Felix's room **was located next to**[39] the kitchen, and he could hear Mom clearly. "I'm watching a **lecture video**[40] for my science class." Felix **argued against**[41] Sean's **accusation**[42] and **mischievously**[43] **stuck**[44] (e) **his tongue out at** his little brother.

* mischievously: 장난기 있게

43. 주어진 글 (A)에 이어질 내용을 순서에 맞게 배열한 것으로 가장 적절한 것은?

① (B) - (D) - (C)
② (C) - (B) - (D)
③ (C) - (D) - (B)
④ (D) - (B) - (C)
⑤ (D) - (C) - (B)

44. 밑줄 친 (a)~(e) 중에서 가리키는 대상이 나머지 넷과 다른 것은?

① (a) ② (b) ③ (c) ④ (d) ⑤ (e)

45. 윗글에 관한 내용으로 적절하지 않은 것은?

① 엄마는 폭설로 인해 집에서 업무를 보고 있었다.
② Sean은 엄마가 불러서 주방으로 달려갔다.
③ Sean은 몰래 형의 방을 들여다보았다.
④ Felix는 자신의 방에서 게임을 하고 있었다.
⑤ Felix의 방은 주방 옆에 있었다.

각, 특정 방향으로 맞추다 an___

영원의 for g___

텅 빈, 움푹 꺼진, 헛된 ho___

angle [ǽŋgəl]

for good = for eternity

hollow [hálou]

2021학년도 대학수학능력시험

영어영역(홀수형) 문제지

2021학년도 대학수학능력시험

영어영역(홀수형) 문제지

1번부터 17번까지는 듣고 답하는 문제입니다. 1번부터 15번까지는 한 번만 들려주고, 16번부터 17번까지는 두 번 들려줍니다. 방송을 잘 듣고 답을 하시기 바랍니다.

1. 다음을 듣고, 남자가 하는 말의 목적으로 가장 적절한 것을 고르시오.

① 헬스클럽 할인 행사를 안내하려고

② 동영상 업로드 방법을 설명하려고

③ 스포츠 중계방송 중단을 예고하려고

④ 체육관 보수 공사 일정 변경을 공지하려고

⑤ 운동 방법에 관한 동영상 채널을 홍보하려고

2. 대화를 듣고, 여자의 의견으로 가장 적절한 것을 고르시오.

① 별 관찰은 아이들이 수학 개념에 친숙해지도록 도와준다.

② 아이들은 별 관찰을 통해 예술적 영감을 얻는다.

③ 야외 활동이 아이들의 신체 발달에 필수적이다.

④ 아이들은 자연을 경험함으로써 인격적으로 성장한다.

⑤ 수학 문제 풀이는 아이들의 논리적 사고력을 증진시킨다.

3. 대화를 듣고, 두 사람의 관계를 가장 잘 나타낸 것을 고르시오.

① 학생 - 건축가　　② 신문 기자 - 화가

③ 탐험가 - 환경 운동가　　④ 건물 관리인 - 정원사

⑤ 교사 - 여행사 직원

흉터·상처(를 남기다) **sc____**

4. 대화를 듣고, 그림에서 대화의 내용과 일치하지 않는 것을 고르시오.

자석의, 매력이 있는 **ma____**

5. 대화를 듣고, 남자가 여자를 위해 할 일로 가장 적절한 것을 고르시오.

① 사진 전송하기　　② 그림 그리기

③ 휴대 전화 찾기　　④ 생물 보고서 제출하기

⑤ 야생화 개화 시기 검색하기

엄청난, 대단한 **tre____**

6. 대화를 듣고, 여자가 지불할 금액을 고르시오.

① $180 ② $190 ③ $200 ④ $210 ⑤ $230

scar [ska:r]

7. 대화를 듣고, 남자가 텐트를 반품하려는 이유를 고르시오.

① 크기가 작아서

② 캠핑이 취소되어서

③ 운반하기 무거워서

④ 설치 방법이 어려워서

⑤ 더 저렴한 제품을 찾아서

magnetic [mægnétik]

8. 대화를 듣고, Bradford Museum of Failure에 관해 언급되지 않은 것을 고르시오.

① 전시품 ② 설립 목적 ③ 개관 연도

④ 입장료 ⑤ 위치

9. National Baking Competition에 관한 다음 내용을 듣고, 일치하지 않는 것을 고르시오.

① 해마다 열리는 행사이다.

② 올해의 주제는 건강한 디저트이다.

③ 20명이 결선에 진출할 것이다.

④ 수상자들의 조리법이 잡지에 실릴 것이다.

⑤ 웹 사이트에서 생중계될 것이다.

tremendous [triméndəs]

10. 다음 표를 보면서 대화를 듣고, 여자가 주문할 재사용 빨대 세트를 고르시오.

반으로 나누다(줄이다) h____

Reusable Straw Sets (3 pieces)

	Set	Material	Price	Length (inches)	Carrying Case
①	A	Bamboo	$5.99	7	✕
②	B	Glass	$6.99	7	○
③	C	Glass	$7.99	8	✕
④	D	Silicone	$8.99	8	○
⑤	E	Stainless Steel	$11.99	9	○

11. 대화를 듣고, 남자의 마지막 말에 대한 여자의 응답으로 가장 적절한 것을 고르시오.

닳아 해진, 지친 wor____

① I don't feel like going out today.
② You must get to the airport quickly.
③ How about going to the cafe over there?
④ I didn't know you wanted to go sightseeing.
⑤ Why didn't you wear more comfortable shoes?

12. 대화를 듣고, 여자의 마지막 말에 대한 남자의 응답으로 가장 적절한 것을 고르시오.

이상한, 기이한 we____

① I see. Then I'll park somewhere else.
② It's all right. I'll bring your car over here.
③ No thanks. I don't want my car to be painted.
④ Never mind. I'll pay the parking fee later.
⑤ Okay. I'll choose another car instead.

13. 대화를 듣고, 남자의 마지막 말에 대한 여자의 응답으로 가장 적절한 것을 고르시오. [3점]

halve [hæv]

Woman: ______________________________

① Sorry. I don't think I can wait until tomorrow for this one.

② I agree. The displayed one may be the best option for me.

③ Oh, no. It's too bad you don't sell the displayed model.

④ Good. Call me when my washing machine is repaired.

⑤ Exactly. I'm glad that you bought the displayed one.

14. 대화를 듣고, 여자의 마지막 말에 대한 남자의 응답으로 가장 적절한 것을 고르시오. [3점]

worn-out [wɔrnáut]

Man: ______________________________

① Don't worry. I already found his briefcase.

② Of course. You deserve to receive the award.

③ Don't mention it. I just did my duty as a citizen.

④ Definitely. I want to go to congratulate him myself.

⑤ Wonderful. It was the best ceremony I've ever been to.

15. 다음 상황 설명을 듣고, Ben이 Stacy에게 할 말로 가장 적절한 것을 고르시오. [3점]

weird [wiərd] = outlandish

Ben: ______________________________

① Feel free to take the tomatoes from my backyard.

② Tell me if you need help when planting tomatoes.

③ Do you want the ripe tomatoes I picked yesterday?

④ Why don't we grow tomatoes in some other places?

⑤ Let me take care of your tomatoes while you're away.

[16 ~ 17] 다음을 듣고, 물음에 답하시오.

16. 남자가 하는 말의 주제로 가장 적절한 것은?

① color change in nature throughout seasons

② various colors used in traditional English customs

③ differences in color perceptions according to culture

④ why expressions related to colors are common in English

⑤ how color-related English expressions gained their meanings

17. 언급된 색깔이 아닌 것은?

① blue ② white ③ green

④ red ⑤ yellow

이제 듣기 문제가 끝났습니다. 18번부터는 문제지의 지시에 따라 답을 하시기 바랍니다.

입증(확증)하다 ver____

목표·기대에 못 미치다 fall s____

정지한, 변하지 않는 sta____

18. 다음 글의 목적으로 가장 적절한 것은?

Dear Friends,

Season's greetings. As some of you already know, we are starting the campus food drive. This is how you participate. You can bring your items for donation to our booths. Our donation booths are located in the lobbies of the campus libraries. Just drop off the items there during usual library hours from December 4 to 23. The donated food should be non-perishable like canned meats and canned fruits. Packaged goods such as jam and peanut butter are also good. We will distribute the food to our neighbors on Christmas Eve. We truly appreciate your help.

Many blessings,

Joanna at Campus Food Bank

① 음식 기부에 참여하는 방법을 안내하려고
② 음식 배달 자원봉사 참여에 감사하려고
③ 도서관 이용 시간 변경을 공지하려고
④ 음식물 낭비의 심각성을 알려 주려고
⑤ 크리스마스 행사 일정을 문의하려고

verify [vérəfài]

fall short

stationary [stéiʃənèri] = static

19. 다음 글에 드러난 'I'의 심경 변화로 가장 적절한 것은?

Once again, I had lost the piano contest to my friend. When I learned that Linda had won, I was deeply troubled and unhappy. My body was shaking with uneasiness. My heart beat quickly and my face became reddish. I had to run out of the concert hall to settle down. Sitting on the stairs alone, I recalled what my teacher had said. "Life is about winning, not necessarily about winning against others but winning at being you. And the way to win is to figure out who you are and do your best." He was absolutely right. I had no reason to oppose my friend. Instead, I should focus on myself and my own improvement. I breathed out slowly. My hands were steady now. At last, my mind was at peace.

① grateful → sorrowful
② upset → calm
③ envious → doubtful
④ surprised → disappointed
⑤ bored → relieved

메아리, 반복(모방)하다 **e___**

전제(주장의 기본 바탕) **pr___**

속수무책의, 힘을 못쓰는 **he___**

20. 다음 글에서 필자가 주장하는 바로 가장 적절한 것은?

Developing expertise carries costs of its own. We can become experts in some areas, like speaking a language or knowing our favorite foods, simply by living our lives, but in many other domains expertise requires considerable training and effort. What's more, expertise is domain specific. The expertise that we work hard to acquire in one domain will carry over only imperfectly to related ones, and not at all to unrelated ones. In the end, as much as we may want to become experts on everything in our lives, there simply isn't enough time to do so. Even in areas where we could, it won't necessarily be worth the effort. It's clear that we should concentrate our own expertise on those domains of choice that are most common and/or important to our lives, and those we actively enjoy learning about and choosing from.

① 자신에게 의미 있는 영역을 정해서 전문성을 키워야 한다.
② 전문성 함양에는 타고난 재능보다 노력과 훈련이 중요하다.
③ 전문가가 되기 위해서는 다양한 분야에 관심을 가져야 한다.
④ 전문성을 기르기 위해서는 구체적인 계획과 실천이 필수적이다.
⑤ 전문가는 일의 우선순위를 결정해서 업무를 수행해야 한다.

echo [ékou]

premise [prémis]

helpless [hélplas] = **powerless**

21. 밑줄 친 the role of the 'lion's historians' 가 다음 글에서 의미 하는 바로 가장 적절한 것은?

There is an African proverb that says, 'Till the lions have their historians, tales of hunting will always glorify the hunter'. The proverb is about power, control and law making. Environmental journalists have to play the role of the 'lion's historians'. They have to put across the point of view of the environment to people who make the laws. They have to be the voice of wild India. The present rate of human consumption is completely unsustainable. Forest, wetlands, wastelands, coastal zones, eco-sensitive zones, they are all seen as disposable for the accelerating demands of human population. But to ask for any change in human behaviour — whether it be to cut down on consumption, alter lifestyles or decrease population growth — is seen as a violation of human rights. But at some point human rights become 'wrongs'. It's time we changed our thinking so that there is no difference between the rights of humans and the rights of the rest of the environment.

① uncovering the history of a species' biological evolution
② urging a shift to sustainable human behaviour for nature
③ fighting against widespread violations of human rights
④ rewriting history for more underrepresented people
⑤ restricting the power of environmental lawmakers

표현하다, 분명히 말하다 ar____

비행, 항공술 av____

단단히 뿌리가 박힌 emb____

22. 다음 글의 요지로 가장 적절한 것은?

Prior to file-sharing services, music albums landed exclusively in the hands of music critics before their release. These critics would listen to them well before the general public could and preview them for the rest of the world in their reviews. Once the internet made music easily accessible and allowed even advanced releases to spread through online social networks, availability of new music became democratized, which meant critics no longer had unique access. That is, critics and laypeople alike could obtain new music simultaneously. Social media services also enabled people to publicize their views on new songs, list their new favorite bands in their social media bios, and argue over new music endlessly on message boards. The result was that critics now could access the opinions of the masses on a particular album before writing their reviews. Thus, instead of music reviews guiding popular opinion toward art (as they did in preinternet times), music reviews began to reflect — consciously or subconsciously — public opinion.

* laypeople: 비전문가

① 미디어 환경의 변화로 음악 비평이 대중의 영향을 받게 되었다.
② 인터넷의 발달로 다양한 장르의 음악을 접하는 것이 가능해졌다.
③ 비평가의 음악 비평은 자신의 주관적인 경험을 기반으로 한다.
④ 오늘날 새로운 음악은 대중의 기호를 확인한 후에 공개된다.
⑤ 온라인 환경의 대두로 음악 비평의 질이 전반적으로 상승하였다.

articulate [a:rtíkjulèit]

aviation [èiviéiʃən]

embedded [imbédid]

23. 다음 글의 주제로 가장 적절한 것은? [3점]

Difficulties arise when we do not think of people and machines as collaborative systems, but assign whatever tasks can be automated to the machines and leave the rest to people. This ends up requiring people to behave in machine-like fashion, in ways that differ from human capabilities. We expect people to monitor machines, which means keeping alert for long periods, something we are bad at. We require people to do repeated operations with the extreme precision and accuracy required by machines, again something we are not good at. When we divide up the machine and human components of a task in this way, we fail to take advantage of human strengths and capabilities but instead rely upon areas where we are genetically, biologically unsuited. Yet, when people fail, they are blamed.

① difficulties of overcoming human weaknesses to avoid failure

② benefits of allowing machines and humans to work together

③ issues of allocating unfit tasks to humans in automated systems

④ reasons why humans continue to pursue machine automation

⑤ influences of human actions on a machine's performance

과부하, 과도하게 싣다 **ov____**

표출 수단, 배출구, 아웃렛 **ou____**

평원, 분명한, 평범한 **pl____**

24. 다음 글의 제목으로 가장 적절한 것은?

People don't usually think of touch as a temporal phenomenon, but it is every bit as time-based as it is spatial. You can carry out an experiment to see for yourself. Ask a friend to cup his hand, palm face up, and close his eyes. Place a small ordinary object in his palm — a ring, an eraser, anything will do — and ask him to identify it without moving any part of his hand. He won't have a clue other than weight and maybe overall size. Then tell him to keep his eyes closed and move his fingers over the object. He'll most likely identify it at once. By allowing the fingers to move, you've added time to the sensory perception of touch. There's a direct analogy between the fovea at the center of your retina and your fingertips, both of which have high acuity. Your ability to make complex use of touch, such as buttoning your shirt or unlocking your front door in the dark, depends on continuous time-varying patterns of touch sensation.

* analogy: 유사 ** fovea: (망막의) 중심와(窩) *** retina: 망막

① Touch and Movement: Two Major Elements of Humanity
② Time Does Matter: A Hidden Essence of Touch
③ How to Use the Five Senses in a Timely Manner
④ The Role of Touch in Forming the Concept of Time
⑤ The Surprising Function of Touch as a Booster of Knowledge

overload [òuvərlóud]

outlet [áutlet]

plain [plein]

25. 다음 도표의 내용과 일치하지 <u>않는</u> 것은?

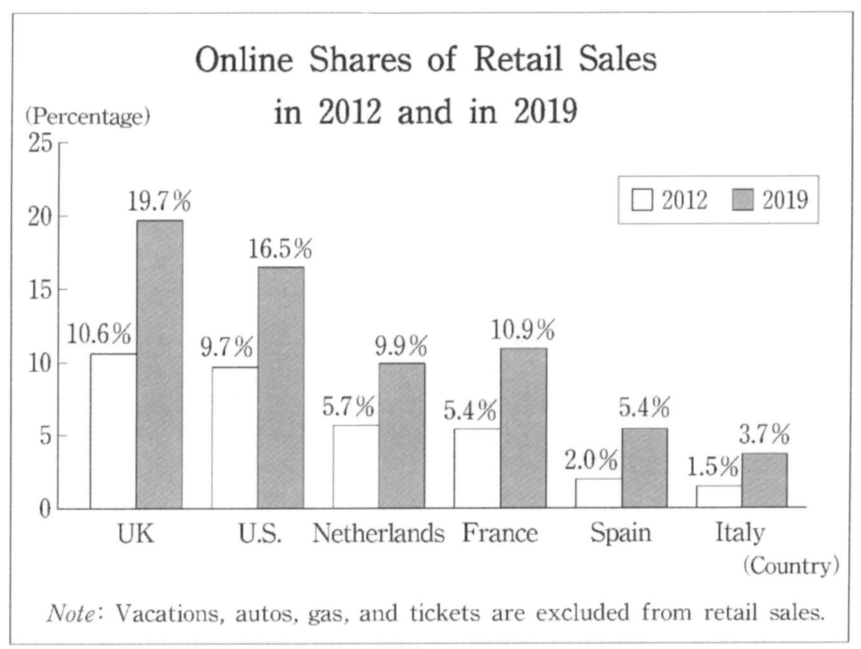

The graph above shows the online shares of retail sales for each of six countries in 2012 and in 2019. The online share of retail sales refers to the percentage of retail sales conducted online in a given country. ① For each country, its online share of retail sales in 2019 was larger than that in 2012. ② Among the six countries, the UK owned the largest online share of retail sales with 19.7% in 2019. ③ In 2019, the U.S. had the second largest online share of retail sales with 16.5%. ④ In 2012, the online share of retail sales in the Netherlands was larger than that in France, whereas the reverse was true in 2019. ⑤ In the case of Spain and Italy, the online share of retail sales in each country was less than 5.0% both in 2012 and in 2019.

서로 맞물리게 하다 inte____

재판, 실험(테스트), 시련 tr____

초자연적인 sup____

26. Frank Hyneman Knight에 관한 다음 글의 내용과 일치하지 않는 것은?

Frank Hyneman Knight was one of the most influential economists of the twentieth century. After obtaining his Ph.D. in 1916 at Cornell University, Knight taught at Cornell, the University of Iowa, and the University of Chicago. Knight spent most of his career at the University of Chicago. Some of his students at Chicago later received the Nobel Prize. Knight is known as the author of the book Risk, Uncertainty and Profit, a study of the role of the entrepreneur in economic life. He also wrote a brief introduction to economics entitled The Economic Organization, which became a classic of microeconomic theory. But Knight was much more than an economist; he was also a social philosopher. Later in his career, Knight developed his theories of freedom, democracy, and ethics. After retiring in 1952, Knight remained active in teaching and writing.

* entrepreneur: 기업가

① 20세기의 가장 영향력 있는 경제학자들 중 한 명이었다.
② 경력의 대부분을 University of Chicago에서 보냈다.
③ 그의 학생들 중 몇 명은 나중에 노벨상을 받았다.
④ Risk, Uncertainty and Profit의 저자로 알려져 있다.
⑤ 은퇴 후에는 가르치는 일은 하지 않고 글 쓰는 일에 전념했다.

27. City of Sittka Public Bike Sharing Service에 관한 다음 안내문의 내용과 일치하지 않는 것은?

City of Sittka Public Bike Sharing Service

Are you planning to explore the city?
This is the eco-friendly way to do it!

Rent

· Register anywhere via our easy app.

· Payment can be made only by credit card.

Fee

· Free for the first 30 minutes

· One dollar per additional 30 minutes

Use

· Choose a bike and scan the QR code on the bike.

· Helmets are not provided.

Return

· Return the bike to the Green Zone shown on the app.

· Complete the return by pressing the OK button on the bike.

① 신용 카드 결제만 가능하다.

② 처음 30분은 무료이다.

③ 자전거의 QR 코드를 스캔해서 이용한다.

④ 헬멧이 제공된다.

⑤ 자전거의 OK 버튼을 눌러서 반납을 완료한다.

기쁘게 하다, 만족시키다 gr____

회의 등의 주제, 안건 ag____

복지, 행복 we____

28. Jason's Photography Class에 관한 다음 안내문의 내용과 일치하는 것은?

Jason's Photography Class

Are you tired of taking pictures with your camera set to "Auto"? Do you want to create more professional-looking photos? You won't want to miss this opportunity.

· **Date**: Saturday, December 19

· **Time**: 1:30 p.m. — 5:30 p.m.

· **Place**: Thrombon Building, Room 2 on the first floor

· **Tuition Fee**: $50 (snacks provided)

· **Level**: Beginner

· **Topics to Be Covered**:

- Equipment Selection
- Lighting Techniques
- Color Selection
- Special Effects

· Class size is limited to eight, so don't delay!
Visit our web site at www.eypcap.com to register.

① 오전에 시작된다.
② 3층에서 진행된다.
③ 중급자 수준이다.
④ 다루는 주제 중 하나는 특수 효과이다.
⑤ 수강 학생 수에는 제한이 없다.

29. 다음 글의 밑줄 친 부분 중, 어법상 틀린 것은? [3점]

Regulations covering scientific experiments on human subjects are strict. Subjects must give their informed, written consent, and experimenters must submit their proposed experiments to thorough examination by overseeing bodies. Scientists who experiment on themselves can, functionally if not legally, avoid the restrictions ① associated with experimenting on other people. They can also sidestep most of the ethical issues involved: nobody, presumably, is more aware of an experiment's potential hazards than the scientist who devised ② it. Nonetheless, experimenting on oneself remains ③ deeply problematic. One obvious drawback is the danger involved; knowing that it exists ④ does nothing to reduce it. A less obvious drawback is the limited range of data that the experiment can generate. Human anatomy and physiology vary, in small but significant ways, according to gender, age, lifestyle, and other factors. Experimental results derived from a single subject are, therefore, of limited value; there is no way to know ⑤ what the subject's responses are typical or atypical of the response of humans as a group.

* consent: 동의 ** anatomy: (해부학적) 구조 *** physiology: 생리적 현상

저주(하다), 욕(하다) **cu**___

일식, 월식, 압도하다 **ec**___

충격적 경험, 정신적 충격 **tr**___

30. 다음 글의 밑줄 친 부분 중, 문맥상 낱말의 쓰임이 적절하지 않은 것은?

How the bandwagon effect occurs is demonstrated by the history of measurements of the speed of light. Because this speed is the basis of the theory of relativity, it's one of the most frequently and carefully measured ① quantities in science. As far as we know, the speed hasn't changed over time. However, from 1870 to 1900, all the experiments found speeds that were too high. Then, from 1900 to 1950, the ② opposite happened — all the experiments found speeds that were too low! This kind of error, where results are always on one side of the real value, is called "bias." It probably happened because over time, experimenters subconsciously adjusted their results to ③ match what they expected to find. If a result fit what they expected, they kept it. If a result didn't fit, they threw it out. They weren't being intentionally dishonest, just ④ influenced by the conventional wisdom. The pattern only changed when someone ⑤ lacked the courage to report what was actually measured instead of what was expected.

* bandwagon effect: 편승 효과

curse [kə:rs]

eclipse [iklíps]

trauma [trɔ́:mə]

[31 ~ 34] 다음 빈칸에 들어갈 말로 가장 적절한 것을 고르시오.

31. In the classic model of the Sumerian economy, the temple functioned as an administrative authority governing commodity production, collection, and redistribution. The discovery of administrative tablets from the temple complexes at Uruk suggests that token use and consequently writing evolved as a tool of centralized economic governance. Given the lack of archaeological evidence from Uruk-period domestic sites, it is not clear whether individuals also used the system for ______________________. For that matter, it is not clear how widespread literacy was at its beginnings. The use of identifiable symbols and pictograms on the early tablets is consistent with administrators needing a lexicon that was mutually intelligible by literate and nonliterate parties. As cuneiform script became more abstract, literacy must have become increasingly important to ensure one understood what he or she had agreed to.

* archaeological: 고고학적인 ** lexicon: 어휘 목록 *** cuneiform script: 쐐기 문자

① religious events
② personal agreements
③ communal responsibilities
④ historical records
⑤ power shifts

정신적 충격을 주다 **tra**___

동년배, 동료, 자세히 보다 **p**___

우스꽝스러운, 어리석은 **ri**___

32. Choosing similar friends can have a rationale. Assessing the survivability of an environment can be risky (if an environment turns out to be deadly, for instance, it might be too late by the time you found out), so humans have evolved the desire to associate with similar individuals as a way to perform this function efficiently. This is especially useful to a species that lives in so many different sorts of environments. However, the carrying capacity of a given environment ________________________________. If resources are very limited, the individuals who live in a particular place cannot all do the exact same thing (for example, if there are few trees, people cannot all live in tree houses, or if mangoes are in short supply, people cannot all live solely on a diet of mangoes). A rational strategy would therefore sometimes be to avoid similar members of one's species.

① exceeds the expected demands of a community

② is decreased by diverse means of survival

③ places a limit on this strategy

④ makes the world suitable for individuals

⑤ prevents social ties to dissimilar members

traumatize [trɔ́:mətàiz]

peer [piər]

ridiculous [ridíkjələs] = **absurd**

33. Thanks to newly developed neuroimaging technology, we now have access to the specific brain changes that occur during learning. Even though all of our brains contain the same basic structures, our neural networks are as unique as our fingerprints. The latest developmental neuroscience research has shown that the brain is much more malleable throughout life than previously assumed; it develops in response to its own processes, to its immediate and distant "environments," and to its past and current situations. The brain seeks to create meaning through establishing or refining existing neural networks. When we learn a new fact or skill, our neurons communicate to form networks of connected information. Using this knowledge or skill results in structural changes to allow similar future impulses to travel more quickly and efficiently than others. High-activity synaptic connections are stabilized and strengthened, while connections with relatively low use are weakened and eventually pruned. In this way, our brains are ______________________________. [3점]

* malleable: 순응성이 있는 ** prune: 잘라 내다

① sculpted by our own history of experiences

② designed to maintain their initial structures

③ geared toward strengthening recent memories

④ twinned with the development of other organs

⑤ portrayed as the seat of logical and creative thinking

다른 용도로 바꾸다 repu____

안 알려진, 무수한 unto____

난처한, 당황한 em____

34. Successful integration of an educational technology is marked by that technology being regarded by users as an unobtrusive facilitator of learning, instruction, or performance. When the focus shifts from the technology being used to the educational purpose that technology serves, then that technology is becoming a comfortable and trusted element, and can be regarded as being successfully integrated. Few people give a second thought to the use of a ball-point pen although the mechanisms involved vary — some use a twist mechanism and some use a push button on top, and there are other variations as well. Personal computers have reached a similar level of familiarity for a great many users, but certainly not for all. New and emerging technologies often introduce both fascination and frustration with users. As long as ______________________________ in promoting learning, instruction, or performance, then one ought not to conclude that the technology has been successfully integrated — at least for that user. [3점]

* unobtrusive: 눈에 띄지 않는

① the user successfully achieves familiarity with the technology
② the user's focus is on the technology itself rather than its use
③ the user continues to employ outdated educational techniques
④ the user involuntarily gets used to the misuse of the technology
⑤ the user's preference for interaction with other users persists

repurpose [ripə́:rpəs]

untold [ʌntóuld]

embarrassed [imbǽrəst]

35. 다음 글에서 전체 흐름과 관계 <u>없는</u> 문장은?

Workers are united by laughing at shared events, even ones that may initially spark anger or conflict. Humor reframes potentially divisive events into merely "laughable" ones which are put in perspective as subservient to unifying values held by organization members. Repeatedly recounting humorous incidents reinforces unity based on key organizational values. ① One team told repeated stories about a dumpster fire, something that does not seem funny on its face, but the reactions of workers motivated to preserve safety sparked laughter as the stories were shared multiple times by multiple parties in the workplace. ② Shared events that cause laughter can indicate a sense of belonging since "you had to be there" to see the humor in them, and non-members were not and do not. ③ Since humor can easily capture people's attention, commercials tend to contain humorous elements, such as funny faces and gestures. ④ Instances of humor serve to enact bonds among organization members. ⑤ Understanding the humor may even be required as an informal badge of membership in the organization.

* subservient: 도움이 되는

[36 ~ 37] 주어진 글 다음에 이어질 글의 순서로 가장 적절한 것을 고르시오.

36.

The objective of battle, to "throw" the enemy and to make him defenseless, may temporarily blind commanders and even strategists to the larger purpose of war. War is never an isolated act, nor is it ever only one decision.

(A) To be political, a political entity or a representative of a political entity, whatever its constitutional form, has to have an intention, a will. That intention has to be clearly expressed.

(B) In the real world, war's larger purpose is always a political purpose. It transcends the use of force. This insight was famously captured by Clausewitz's most famous phrase, "War is a mere continuation of politics by other means."

(C) And one side's will has to be transmitted to the enemy at some point during the confrontation (it does not have to be publicly communicated). A violent act and its larger political intention must also be attributed to one side at some point during the confrontation. History does not know of acts of war without eventual attribution.

* entity: 실체 ** transcend: 초월하다

① (A) - (C) - (B)
② (B) - (A) - (C)
③ (B) - (C) - (A)
④ (C) - (A) - (B)
⑤ (C) - (B) - (A)

commence [kəméns]

countless [káuntləs] = untold

punctual [pʌ́ŋktʃuəl]

37.

Experts have identified a large number of measures that promote energy efficiency. Unfortunately many of them are not cost effective. This is a fundamental requirement for energy efficiency investment from an economic perspective.

(A) And this has direct repercussions at the individual level: households can reduce the cost of electricity and gas bills, and improve their health and comfort, while companies can increase their competitiveness and their productivity. Finally, the market for energy efficiency could contribute to the economy through job and firms creation.

(B) There are significant externalities to take into account and there are also macroeconomic effects. For instance, at the aggregate level, improving the level of national energy efficiency has positive effects on macroeconomic issues such as energy dependence, climate change, health, national competitiveness and reducing fuel poverty.

(C) However, the calculation of such cost effectiveness is not easy: it is not simply a case of looking at private costs and comparing them to the reductions achieved. [3점]

* repercussion: 반향, 영향 ** aggregate: 집합의

① (A) - (C) - (B)
② (B) - (A) - (C)
③ (B) - (C) - (A)
④ (C) - (A) - (B)
⑤ (C) - (B) - (A)

경쟁자, 필적(대등)하다 ri____

다국적의, 다국적 기업 mul____

경험 많고 세련된, 정교한 so____

[38 ~ 39] 글의 흐름으로 보아, 주어진 문장이 들어가기에 가장 적절한 곳을 고르시오.

38.

I have still not exactly pinpointed Maddy's character since wickedness takes many forms.

Imagine I tell you that Maddy is bad. Perhaps you infer from my intonation, or the context in which we are talking, that I mean morally bad. Additionally, you will probably infer that I am disapproving of Maddy, or saying that I think you should disapprove of her, or similar, given typical linguistic conventions and assuming I am sincere. (①) However, you might not get a more detailed sense of the particular sorts of way in which Maddy is bad, her typical character traits, and the like, since people can be bad in many ways. (②) In contrast, if I say that Maddy is wicked, then you get more of a sense of her typical actions and attitudes to others. (③) The word 'wicked' is more specific than 'bad'. (④) But there is more detail nevertheless, perhaps a stronger connotation of the sort of person Maddy is. (⑤) In addition, and again assuming typical linguistic conventions, you should also get a sense that I am disapproving of Maddy, or saying that you should disapprove of her, or similar, assuming that we are still discussing her moral character.

* connotation: 함축

rival [ráivəl]

multinational [mʌ̀ltinǽʃənəl]

sophisticated [səfístəkèitəd]

39.

Note that copyright covers the expression of an idea and not the idea itself.

Designers draw on their experience of design when approaching a new project. This includes the use of previous designs that they know work — both designs that they have created themselves and those that others have created. (①) Others' creations often spark inspiration that also leads to new ideas and innovation. (②) This is well known and understood. (③) However, the expression of an idea is protected by copyright, and people who infringe on that copyright can be taken to court and prosecuted. (④) This means, for example, that while there are numerous smartphones all with similar functionality, this does not represent an infringement of copyright as the idea has been expressed in different ways and it is the expression that has been copyrighted. (⑤) Copyright is free and is automatically invested in the author, for instance, the writer of a book or a programmer who develops a program, unless they sign the copyright over to someone else. [3점]

* infringe: 침해하다 ** prosecute: 기소하다

익숙해지게 하다 **fa**____

끝·경계(에 위치하다), 우위 **e**____

여백, 가장자리, 수익 **ma**____

40. 다음 글의 내용을 한 문장으로 요약하고자 한다. 빈칸 (A), (B)에 들어갈 말로 가장 적절한 것은?

From a cross-cultural perspective the equation between public leadership and dominance is questionable. What does one mean by 'dominance'? Does it indicate coercion? Or control over 'the most valued'? 'Political' systems may be about both, either, or conceivably neither. The idea of 'control' would be a bothersome one for many peoples, as for instance among many native peoples of Amazonia where all members of a community are fond of their personal autonomy and notably allergic to any obvious expression of control or coercion. The conception of political power as a coercive force, while it may be a Western fixation, is not a universal. It is very unusual for an Amazonian leader to give an order. If many peoples do not view political power as a coercive force, nor as the most valued domain, then the leap from 'the political' to 'domination' (as coercion), and from there to 'domination of women', is a shaky one. As Marilyn Strathern has remarked, the notions of 'the political' and 'political personhood' are cultural obsessions of our own, a bias long reflected in anthropological constructs.

* coercion: 강제 ** autonomy: 자율 *** anthropological: 인류학의

↓

It is ______(A)______ to understand political power in other cultures through our own notion of it because ideas of political power are not ______(B)______ across cultures.

	(A)	(B)		(A)	(B)
①	rational	··· flexible	②	appropriate	··· commonplace
③	misguided	··· uniform	④	unreasonable	··· varied
⑤	effective	··· objective			

familiarize [fəmíljəràiz]

edge [edʒ]

margin [mɑ́ːrdʒən]

[41 ~ 42] 다음 글을 읽고, 물음에 답하시오.

Our irresistible tendency to see things in human terms — that we are often mistaken in attributing complex human motives and processing abilities to other species — does not mean that an animal's behavior is not, in fact, complex. Rather, it means that the complexity of the animal's behavior is not purely a (a) product of its internal complexity. Herbert Simon's "parable of the ant" makes this point very clearly. Imagine an ant walking along a beach, and (b) visualize tracking the trajectory of the ant as it moves. The trajectory would show a lot of twists and turns, and would be very irregular and complicated. One could then suppose that the ant had equally complicated (c) internal navigational abilities, and work out what these were likely to be by analyzing the trajectory to infer the rules and mechanisms that could produce such a complex navigational path. The complexity of the trajectory, however, "is really a complexity in the surface of the beach, not a complexity in the ant." In reality, the ant may be using a set of very (d) complex rules: it is the interaction of these rules with the environment that actually produces the complex trajectory, not the ant alone. Put more generally, the parable of the ant illustrates that there is no necessary correlation between the complexity of an (e) observed behavior and the complexity of the mechanism that produces it.

* parable: 우화 ** trajectory: 이동 경로

41. 윗글의 제목으로 가장 적절한 것은?

① Open the Mysterious Door to Environmental Complexity!

② Peaceful Coexistence of Human Beings and Animals

③ What Makes the Complexity of Animal Behavior?

④ Animals' Dilemma: Finding Their Way in a Human World

⑤ Environmental Influences on Human Behavior Complexity

42. 밑줄 친 (a) ~ (e) 중에서 문맥상 낱말의 쓰임이 적절하지 않은 것은? [3점]

① (a) ② (b) ③ (c) ④ (d) ⑤ (e)

예상 밖의 역효과를 내다 bo____

지루한, 날이 무딘, 흐린 d____

그러는 동안, 반면 me____

[43 ~ 45] 다음 글을 읽고, 물음에 답하시오.

(A)

In this area, heavy snow in winter was not uncommon. Sometimes it poured down for hours and hours and piled up very high. Then, no one could go out. Today too, because of the heavy snow, Mom was doing her office work at the kitchen table. Felix, the high schooler, had to take online classes in his room. Five-year-old Sean, who normally went to kindergarten, was sneaking around in the house playing home policeman. (a) The kindergartener wanted to know what his family members were up to, and was checking up on everyone.

* sneak: 몰래 움직이다

(B)

"All right. I'm sure you're doing your work." Mom replied, and then sharply added a question. "Sean, what are you doing?" Sean's face immediately became blank, and he said, "Nothing." "Come here, Honey, and you can help me." Sean ran to the kitchen right away. "What can I do for you, Mom?" His voice was high, and Felix could sense that his brother was excited. Felix was pleased to get rid of (b) the policeman, and now he could concentrate on the lesson, at least till Sean came back.

(C)

While checking on his family, Sean interfered in their business as if it was his own. This time, (c) the playful and curious boy was interested in his brother Felix, who committed himself to studying no matter where he was. Sean secretly looked inside his brother's room from the door, and shouted toward the kitchen where Mom was working, "Mom, Felix isn't studying. He's just watching a funny video." Sean was naughtily smiling at his brother.

* naughtily: 짓궂게

boomerang [bú:məræ̀ŋ]

dull [dʌl]

meanwhile [mí:nwàil]

(D)

Felix was mad because (d) his little brother was bothering him. Felix was studying science using a video posted on the school web site. He made an angry face at the naughty boy. Right then, Mom asked loudly from the kitchen, "What are you doing, Felix?" Felix's room was located next to the kitchen, and he could hear Mom clearly. "I'm watching a lecture video for my science class." Felix argued against Sean's accusation and mischievously stuck (e) his tongue out at his little brother.

* mischievously: 장난기 있게

43. 주어진 글 (A)에 이어질 내용을 순서에 맞게 배열한 것으로 가장 적절한 것은?

① (B) - (D) - (C) ② (C) - (B) - (D)

③ (C) - (D) - (B) ④ (D) - (B) - (C)

⑤ (D) - (C) - (B)

44. 밑줄 친 (a) ~ (e) 중에서 가리키는 대상이 나머지 넷과 <u>다른</u> 것은?

① (a) ② (b) ③ (c) ④ (d) ⑤ (e)

45. 윗글에 관한 내용으로 적절하지 <u>않은</u> 것은?

① 엄마는 폭설로 인해 집에서 업무를 보고 있었다.

② Sean은 엄마가 불러서 주방으로 달려갔다.

③ Sean은 몰래 형의 방을 들여다보았다.

④ Felix는 자신의 방에서 게임을 하고 있었다.

⑤ Felix의 방은 주방 옆에 있었다.

동면하다, 겨울잠을 자다 **hi___**

결코 A가 아닌 **f___ from A**

밝은, 명석한, 뛰어난 **br___**

hibernate [háibərnèit]

far from A = not A at all

brilliant [bríljənt]

2021학년도 대학수학능력시험

영어영역(홀수형) 정답표

2021학년도 수능 영어영역(홀수형) 정답표

문항 번호	정답	배점	문항 번호	정답	배점
1	⑤	2	24	②	2
2	①	2	25	⑤	2
3	①	2	26	⑤	2
4	⑤	2	27	④	2
5	①	2	28	④	2
6	②	2	29	⑤	3
7	③	2	30	⑤	2
8	④	2	31	②	2
9	③	2	32	③	2
10	④	2	33	①	3
11	③	2	34	②	3
12	①	2	35	③	2
13	②	3	36	②	2
14	④	3	37	⑤	3
15	①	3	38	④	2
16	⑤	2	39	④	3
17	⑤	2	40	③	2
18	①	2	41	③	2
19	②	2	42	④	3
20	①	2	43	③	2
21	②	2	44	⑤	2
22	①	2	45	④	2
23	③	3			

어휘가 머리에 쑥 박히게 하는 방법

특정 언어를 얼마나 정확하게 이해하고 구사하는지를 결정하는 여러 기준들 중 하나는 어휘력입니다. 수능 영어도 마찬가지입니다. 속독으로 읽어 내려가는 힘, 특히 고난도 문제들에 좀더 유리하게 접근하는 저력은 바로 얼마나 많은 어휘를 알고 있는지에 달려 있다고 해도 무리가 아닙니다.

수험생들은 두 가지 방법을 활용할 겁니다. 시중의 수능 어휘책으로, 또는 스스로 만든 단어장으로 어휘 암기에 도전합니다. 한데 공통점이 있습니다. 특정 단어와 그것의 주요 뜻만 암기를 한다는 점입니다. 예문과 파생어로 가득한 두툼한 어휘책이 아까울 따름입니다. 많은 학생들은 "쉽게 외워지지 않고, 어휘책이나 단어장에 손도 잘 가지도 않는다"는 푸념을 늘어놓습니다.

의도적인 암기는 그 시도가 무미건조하고 단조로운 패턴으로 이뤄질 때 생각만큼 잘 되지 않습니다. 과거의 대부분을 제대로 기억하지 못해도, 특정 상황은 이상할 정도로 생생히 기억하고 있는 것은 무엇인가 특별한 요소들이 있었기 때문입니다. 못을 생각해 보세요. 못의 표면이 단조롭게 매끈하다면 나중에 쉽게 뽑힙니다. 하지만, 표면의 여러 곳이 우둘투둘 돌출된 상태로 박히면, 잘 뽑히지 않습니다. 어휘도 똑같습니다. 예문은 아니더라도, 특정 단어에 한 두개 정도의 동의어 및 반의어 같은 특이점을 덧붙여 반복해서 접하면, 부지불식간에 그 단어가 머리에 들어와 있을 확률이 높아집니다.

학생들은 "하나를 외우는 것도 힘든데, 동의어와 반의어도 함께 공략하라면 암기를 포기하라는 것"이라고 반응할 것입니다. 하지만, 단편적이고 밋밋한 일차원적 자극은 오래 기억되지 못하므로, 특정 단어와 비교되는 단어들이나 비슷하게 생긴 단어들을 함께 접하면, 그 시도 자체가 뇌로 하여금 수많은 다중 회로를 새롭게 연결하도록 자극하는 촉매 역할을 하게 됩니다. 여기에 덧붙여 관련 예문들로 스토리까지 엮으면, 뇌는 이런 과정을 더 의미 있게 받아들입니다. 결국 특정 단어만이 아니라 그와 관련된 단어들 및 표현들도 잘 빠지지 않는 못처럼 우리 뇌 속에 덤으로 쑥 박히게 되는 것이죠. / 저자

저자 ▌ 김준

여러 외국어를 지나치게 사랑하고, 영어 강연 TED에 지나치게 빠져 있고, 진짜 영어를 가르치는 데 지나치게 몰두해 있는 사람

현) 교육 아이템 및 교재 개발 전문 TOOBLO 대표 / 현) 영어 전문 L어학원 원장
현) 영어-일어-중국어 3개 외국어 관광통역사(3개 외국어 능통)
전) 조선일보 기자